Bajar de peso
...esta vez ¡Sí!

Rachel A. Wood
Ediciones Afrodita

Temario:
Cap.1 Dieta equilibrada y buena salud
Cap.2 Comprometerse con las metas
Cap. 3 Diferentes tipos de dietas
Cap. 4 Cómo perder 5 kg. de manera efectiva

Introducción:

Este curso le enseña cómo perder peso sin el recuento de calorías habitual que suele ser la base de la mayoría de las dietas para adelgazar. Sin duda, las dietas bajas en calorías son demasiado rápidas, pero es un hecho bien conocido que plantean dificultades especiales y las ganancias son difíciles de mantener. Este curso le brinda una mayor comprensión de las necesidades de su cuerpo y cómo este conocimiento lo ayudará a seguir una dieta que induce la pérdida de peso y mantiene sus ganancias sin esfuerzo.

La pérdida de peso debería resultar en una persona más saludable, no solo en una persona más delgada. Hay una variedad de métodos que intentan hacerle creer que puede resolver sus problemas de peso de manera fácil y rápida. Hay dietas y píldoras para adelgazar milagrosas que reducen drásticamente las calorías y los niveles de consumo de alimentos en general, lo que promete una rápida reducción de peso, lo que al final lo deja lidiando con tremendos dolores de hambre y peligrosos efectos secundarios.

Capítulo 1
Dieta equilibrada y buena salud

Perder peso naturalmente

No existen tratamientos milagrosos para un problema de pérdida de peso. Por supuesto, es posible adelgazar mediante el uso de dietas de moda, pero no estará saludable porque las dietas rápidas le niegan los nutrientes que son necesarios para que su cuerpo funcione correctamente.

Debilita su salud y, lo que es más, es probable que vuelva a sus hábitos alimenticios anteriores, ya que la dieta de moda no le enseñó nada. Tendrá el mismo problema una y otra vez. Peor aún, según los estudios, las personas que se han sometido a dietas repetitivas para bajar de peso, luego han tenido un sobrepeso permanente y están en peor estado de salud que aquellas que no habían intentado resolver sus problemas de peso en absoluto.

Cambie su estilo de vida

Cambiar su estilo de vida es en realidad la forma más efectiva de perder peso y mantenerse saludable. Es imprescindible cambiar de una dieta rica en calorías a una dieta baja en calorías. En realidad, no tiene que reducir la ingesta de alimentos, solo coma alimentos saludables: más verduras y frutas, carnes magras, cereales integrales y otros.

El ejercicio regular también debería ayudarlo a perder peso y a mantener una buena salud. Dado que está ingiriendo menos calorías de su dieta, sus entrenamientos deben quemar los depósitos de grasa en su cuerpo.

Es posible que los entrenamientos ni siquiera estén programados. Los deportes y los juegos como el tenis o el baloncesto son ejercicios excelentes, por si siente que los ejercicios mecanizados son una tarea ardua. Sin embargo, puede disfrutar de los juegos, especialmente cuando lo hace con amigos, lo que significa que bajar de peso se puede convertir en un hábito deseado.

El proceso de bajar a su peso apropiado a través del método natural puede ser lento, pero se siente bien todo el tiempo, y mantener las ganancias no requiere hacer nada fuera de su rutina diaria establecida.

Consejos sobre hábitos alimenticios saludables:

En un mundo donde la comida rápida se considera una comida real, no es de extrañar que haya tanta gente en mal estado. La tasa de personas obesas es motivo de alarma, pero todo esto puede cambiar si todos se educan sobre hábitos alimenticios saludables.

El secreto de una alimentación saludable tiene que ver con el equilibrio. Consiste en tener todos los nutrientes, vitaminas y calorías adecuados en una sola comida. Realmente no hay necesidad de privarse de la comida que le gusta. Se trata de consumir todos estos alimentos, pero con moderación. Como dice el viejo refrán, "demasiado de cualquier cosa es malo". Esto se puede aplicar en gran medida a los alimentos que consume.

La verdad es que lo que consume todos los días afecta en gran medida su actitud y nivel de energía durante todo el día.

Seguro que es conveniente, pero hay mucho más en la vida que una hamburguesa con queso o comida china para llevar. Es sabroso y no puede evitar desearlo, pero experimentar en su cocina puede resultar fácilmente en la mejor comida de su vida.

Así que aquí hay algunos consejos sobre hábitos alimenticios saludables que le ayudarán a mejorar:

Un paso a la vez

Si recién está comenzando a cambiar a un estilo de vida más saludable, hágalo lentamente. Su cuerpo se ha acostumbrado a las viejas costumbres y si cambia drásticamente, es probable que también se rinda fácilmente.

Comer en casa

Siempre que coma fuera, no tiene ningún control sobre las porciones que ingerirá. Puede terminar comiendo más de lo necesario.

Deje de contar las calorías

No se obsesione por eso. En cambio, mire la comida en términos de color y frescura. Los verdes siempre son buenos. Las frutas coloridas también son excelentes para el cuerpo de una persona. Estos son los alimentos que más necesita su cuerpo. Así que no tenga miedo de comer más de estos.

No saltee comidas

Si su objetivo es perder peso, entonces es mucho mejor comer porciones pequeñas de comida 5 a 6 veces al día.

Saltarse las comidas solo retendrá la grasa en su cuerpo y puede resultar en comer en exceso.

Refrigerio saludable

Cuando tenga hambre, en lugar de alcanzar el cupcake, tome ese palito de zanahoria. Algunos buenos ejemplos de comida para picar son frutas, nueces, pasas, arándanos, galletas integrales, etc.

Disfrute de su comida

No apresure el proceso de comer. Tómese su tiempo y mastique la comida lentamente. Cuando ya se sienta lleno, deje de comer. Escuche lo que le dice su cuerpo.

Recuerde beber mucha agua

A veces las personas confunden la sed con el hambre y comen cuando todo lo que necesitaban era solo un vaso de agua. El agua potable también es buena para limpiar el cuerpo de toxinas y ayuda a tener una mejor digestión.

Junto con estos consejos, siempre debe recordar no solo tener buenos hábitos alimenticios, sino también un estilo de vida saludable. Esto significa hacer un esfuerzo por hacer ejercicio con regularidad. Si es fumador, considere dejar de fumar y, por último, beba bebidas alcohólicas con moderación.

Cantidades de alimentos y pérdida de peso

Cuando se trata de perder peso, las personas que hacen dieta tienden a centrarse en la cantidad de alimentos que ingieren. Si usted es una de estas personas que quiere perder peso, escuche esto. Aquí hay algo que debe tener en cuenta:

ELIJA LA CALIDAD SOBRE LA CANTIDAD TODO EL TIEMPO.

La mayoría de las personas que siguen una dieta tienden a reducir drásticamente el consumo de alimentos. Algunos incluso se mueren de hambre pensando que, si no comen, no aumentarán de peso. Claro, eso es cierto. Sin embargo, tampoco le ayudará a perder peso. De hecho, si deja de comer, su cuerpo trabajará para mantener las grasas para que pueda tener la energía que necesita durante el día.

Entonces, ¿qué tiene que hacer una persona? ¿Cuál es la cantidad adecuada de alimentos para comer durante una dieta? ¿Con qué frecuencia puede comer una persona? Todas estas preguntas serán respondidas en este libro, así que continúe leyendo.

Porciones pequeñas varias veces durante el día

La mayoría de los expertos dice que hay muchos más beneficios a la hora de perder peso si come 5-6 comidas al día en comparación con 3 comidas. De acuerdo, las comidas son pequeñas, por supuesto. La razón de esto es que su cuerpo tendrá niveles equilibrados de azúcar en la sangre. Es decir, no sentirá un hambre intenso. Cuando una persona tiene hambre, tiende a comer más de lo habitual.

Comer porciones más pequeñas durante el día también reducirá el colesterol. En estudios realizados por expertos, se demostró que consumir comidas más pequeñas 6 veces al día reducía los niveles de colesterol en un 5 por ciento.

Llene ese plato con el tipo correcto de cosas

Lo que una persona come afecta en gran medida su pérdida o aumento de peso. Es por eso que los dietistas animan a las personas a que prefieran la calidad antes que la cantidad. Un buen ejemplo es que hoy puede que haya comido solo galletas saladas para el almuerzo, pero también haya tomado una gran jarra de bebidas endulzadas. Entonces esa bebida endulzada es la culpable cuando se trata de su aumento de peso.

Si hubiera tenido un tazón grande de ensalada fresca y agua, entonces se habría considerado una mejor comida en una dieta que las galletas saladas con una bebida endulzada. Es mucho mejor para el cuerpo ingerir alimentos con menos carbohidratos. Quitar el pan, la pasta, el arroz o las patatas y reemplazarlos con verduras definitivamente ayudará a reducir la grasa.

Si usted es el tipo de persona que se sentirá lleno solo si ve grandes porciones de comida en su plato, entonces la solución es llenar su plato con el tipo correcto de comida. Piense en frutas y verduras de colores. Los colores intensos significan un mayor contenido de vitaminas, minerales y antioxidantes. Todo esto es lo que su cuerpo necesita todos los días.

Para comprometerse con una dieta a largo plazo, es importante que le guste lo que come. Si odia la idea de comer verduras o frutas todo el día, investigue un poco sobre recetas dietéticas. Se recomienda comer carne, así que no reduzca eso. Mientras no esté siempre frito, sigue siendo bueno.

Es muy importante disfrutar del proceso. De lo contrario, volverá fácilmente a su antigua rutina. Solo recuerde, demasiado de cualquier cosa es malo. Mantenga todo bien equilibrado y coma solo cuando su cuerpo le indique que tiene hambre.

Una dieta equilibrada para bajar de peso

Si lo ha notado, una búsqueda rápida de pérdida de peso en Internet le proporcionará inmediatamente productos para perder peso como píldoras para adelgazar, programas de pérdida de peso e incluso membresías en gimnasios. Estos pueden costar una gran cantidad de dinero y la mayoría de ellos ni siquiera son efectivos. Entonces, ¿por qué no volver a lo básico y hacer lo más fácil y barato que puede hacer para perder peso: adoptar una dieta equilibrada.

Lograr una dieta equilibrada incluye comer el tipo y la cantidad adecuados de alimentos que le proporcionarán suficientes nutrientes para mantener la pérdida de peso. Idealmente, su dieta debe ser más pesada en frutas y verduras, carbohidratos integrales y baja en grasas dietéticas.

Además, las proteínas magras y mucha agua para la hidratación y el ejercicio son importantes. Aunque todos tenemos diferentes necesidades de nutrientes y metabolismos, todos estos factores siguen siendo importantes para lograr la pérdida de peso de la manera más segura y económica.

Los beneficios de una dieta equilibrada

Optar por una dieta equilibrada para mantener un peso saludable es importante, ya que aún le está proporcionando a su cuerpo la cantidad adecuada de vitaminas y minerales que necesita para funcionar correctamente. Cuando se combina con ejercicio constante, es inevitable que baje de peso sin correr el riesgo de problemas de salud.

Mantener una dieta equilibrada es beneficioso en comparación con los productos que prometen una forma rápida y fácil de perder peso. Primero, reduce el riesgo de desarrollar enfermedades cardiovasculares como enfermedades cardíacas y diabetes. También puede ayudarlo a controlar estas afecciones si alguna vez padece una. Este régimen saludable también promueve un metabolismo regular y un sistema digestivo saludable, lo que le permitirá perder las grasas malas y absorber las buenas.

Aparte de eso, la elección de llevar una dieta equilibrada definitivamente aumentará su confianza sabiendo que alcanzará el peso deseado de la manera más saludable posible.

Cómo empezar bien

Comenzar puede ser todo un desafío, pero debería ser fácil. Recuerde siempre los conceptos básicos de comer más carbohidratos integrales evitando alimentos como chocolates, helados, papas fritas, refrescos, galletas, pasteles y muchos otros. Este tipo de alimentos contienen altas cantidades de azúcar, colesterol, sal y otras sustancias no deseadas.

Estos alimentos también se denominan "calorías vacías", ya que no aportan otros nutrientes que no sean calorías. Elija beber jugo de fruta fresca en lugar de refrescos, ya que agregan aproximadamente 500 calorías más a su dieta.

Con eso en mente, planifique su comida correctamente agregando más de los buenos tipos de alimentos. Puede tomar un cereal rico en fibra con leche baja en grasa en el desayuno, y luego el almuerzo sería un sándwich de pavo a la parrilla sobre pan integral y una ensalada de verduras. La cena puede ser pescado y verduras al horno.

Estos son solo algunos de los platos simples que puede hacer y son aún más fáciles de preparar. Solo tenga en cuenta que cada comida debe contener una variedad de alimentos, como frutas, proteínas magras, verduras y carbohidratos ricos en fibra.

Los principios del tipo de sangre para bajar de peso

Mucha gente ahora está comprendiendo la importancia de tener un cuerpo sano. Es por eso que hay un aumento en la industria de la salud y el fitness. Ahora, mucha más gente va al gimnasio para probar diferentes formas de ejercicio para ponerse en forma.

La gente también está probando diferentes tipos de dietas, desde Atkins hasta Paleo, South Beach y Weight Watchers. Todos estos son efectivos, aunque algunos más que otros. ¿Pero sabes que hay una dieta diseñada para su tipo de sangre? Si ha probado casi todas las tendencias dietéticas famosas disponibles y no ha visto muchos resultados, entonces esta podría ser la perfecta para usted.

Esta dieta fue diseñada por el doctor Peter D'Amado y se llama Dieta del grupo sanguíneo. Esta nueva dieta está ganando más popularidad porque muchos de los grandes nombres de Hollywood dicen que es la razón de sus increíbles cuerpos. Actores como Courtney Cox y Cheryl Cole lo juran.

Entonces, ¿qué es exactamente la dieta del grupo sanguíneo y cómo funciona?

Se cree que cada grupo sanguíneo reacciona de manera diferente a cada alimento. Entonces, si sigue la dieta diseñada para usted, las posibilidades de perder peso serán mayores porque su cuerpo absorberá los alimentos de manera más eficiente.

Miremos la dieta de cerca. Si tiene el tipo de **sangre O**, que es el tipo de sangre más común en los seres humanos, entonces la dieta debería ser similar a la de Paleo, donde se le anima a comer más como el estilo "cazador-recolector". Esto significa comer alimentos que estaban disponibles para nuestros antepasados antes de que ocurriera el crecimiento de la agricultura y el avance de la tecnología. Alto en proteínas y bajo en carbohidratos es el camino a seguir.

Junto con esta dieta, las personas del grupo sanguíneo O también deben hacer mucho ejercicio cardiovascular de alta intensidad, como correr, para complementar la dieta.

Tipo de **sangre A**. La dieta es casi lo opuesto a la dieta sugerida para el grupo sanguíneo O. Es decir, sus cuerpos aceptan mucho más la comida más "moderna". Se recomienda una dieta vegana, por lo que esto significa muchas verduras y carbohidratos como arroz, pasta y cereales. Sin embargo, deben evitarse las carnes y los productos lácteos como la leche, el queso o la mantequilla. La carne debe ingerirse en muy poca cantidad.

Tipo de sangre A. La dieta se realiza mejor con ejercicios lentos y relajantes, como yoga o Pilates.

Tipo de **sangre AB.** Puede definirse como la dieta más indulgente. Este tipo de sangre poco común funciona bien con casi todos los alimentos, pero con moderación. Tienen un buen sistema inmunológico, lo que significa que pueden manejar bien los lácteos, la carne y los carbohidratos. Sin embargo, las verduras son el alimento más recomendado para consumir. El resto debe consumirse en pequeñas porciones.

Cuando se trata de ejercicios, el grupo sanguíneo AB debe combinar entrenamientos calmantes y de alta intensidad.

Tipo de **sangre B** tiene las menores restricciones. Verduras, frutas, carne, lácteos, mariscos, arroz: todos pueden tomarse siempre que formen parte de una dieta equilibrada y no en grandes cantidades. Los únicos alimentos que se deben evitar son los alimentos procesados, como los que se pueden comprar en lata (fiambres, salchichas, jamón, etc.)

Cualquier actividad que implique ejercitar el cerebro como tenis, golf, senderismo es la mejor forma de ejercicio para este tipo de sangre.

La ciencia de la pérdida de peso

A veces, la pérdida de peso puede resultar agotadora. Después de gastar miles de dólares en programas dietéticos con todos los esfuerzos para reducir las calorías, parece que no está perdiendo peso como esperaba.

Por supuesto, luego tendrá que consultar con su médico o nutricionista para ver por qué no está perdiendo tanto peso y terminará con 'la mirada' que le saca la paranoia.

Estos son solo algunos de los desafíos que puede encontrar cuando se dedica a programas de pérdida de peso. Puede sacar lo mejor de usted dependiendo de cómo afronte todos los desafíos. Bueno, hay una mejor manera de lograr la pérdida de peso con 3 recordatorios sencillos.

1.   Existe algo llamado 'carbohidratos reales'

Lo primero que debe hacer es identificar su ingesta de carbohidratos. Todos sabemos que los carbohidratos son la principal fuente de energía, ya que los carbohidratos se convierten fácilmente en glucosa, la principal sustancia que se utiliza para la producción de energía. Todo el exceso de carbohidratos se convierte en grasa cuando no se usa como energía. Ahora, lo que debe recordar es que debe consumir 'carbohidratos reales' eligiendo alimentos que no estén procesados. Reemplace los carbohidratos procesados con los naturales como verduras y frutas en cada comida. Evite momentáneamente otros carbohidratos como patatas fritas, panes, pastas, comidas rápidas y otros.

2.   ¿Alguna vez ha oído hablar de proteínas de alta biología? Elíjalos entre otros.

Las proteínas con alto contenido biológico son lo que se puede considerar como proteínas completas. Se llaman así porque contienen aminoácidos completos para proporcionar funciones eficientes en términos de reparación de tejidos corporales y suministro de proteínas a todos los músculos de su cuerpo. Los aminoácidos funcionan como un equipo: cuando falta uno, no pueden funcionar bien. Por lo tanto, es bueno invertir en proteínas con alto contenido biológico comiendo carnes y productos naturales y alimentados con pasto. Esto incluye pavo, ternera, pollo, cordero, cerdo y otras proteínas animales.

3.   Hay grasas saludables, por supuesto.

Si cree que las grasas son las únicas culpables del aumento de peso, definitivamente está equivocado. Su cuerpo también necesita grasas para funcionar bien, ya que estas sustancias contribuyen al control de la temperatura, la regulación del metabolismo y la lubricación de las venas y arterias. Por lo tanto, consuma una ingesta moderada de grasas saludables, como aguacates, aceite de coco, aceite de oliva, nueces, aceitunas, semillas y mantequilla. Solo recuerde consumir alrededor de 2-3 cucharaditas de estas grasas en cada comida.

Estos son los tres sencillos pasos que siempre puede recordar para lograr una pérdida de peso significativa. Empiece con estas reglas y tendrá un buen comienzo. Es bueno recordar que el metabolismo es tan complejo como nuestro cerebro, por lo que la noción de contar calorías no se aplica a todos.

La base de un peso saludable debe provenir de consumir la cantidad y el tipo de alimento adecuado o, simplemente, el equilibrio adecuado de alimentos. Así que comience su comida hoy mismo invirtiendo más en carbohidratos reales, proteínas con alto contenido biológico y grasas saludables.

La bala mágica de la proteína

Se es más propenso a tener dolor en los músculos un día después de un arduo entrenamiento. El dolor muscular puede ser muy molesto, ya que se experimenta dolor en cada movimiento que realiza. Con eso, debe conocer todas las razones detrás de los músculos adoloridos y qué puede hacer para prevenirlos. Bueno, la base de esto es el consumo de proteínas.

La esencia de la proteína para los músculos

Las proteínas son esenciales para ayudar a los tejidos a repararse y proporcionar una estructura corporal más delgada. Hay tantos usos de las proteínas que quizás nunca sepa. De hecho, también se pueden utilizar como energía cuando las fuentes de carbohidratos están vacías. Aparte de eso, fortalecen su sistema inmunológico y le dan una piel con textura suave. Tiene beneficios anti-envejecimiento, mejora la memoria y mucho más. Es por eso que las proteínas son bastante valiosas y deben guardarse para sus funciones en lugar de usarlas como energía.

El tipo correcto de proteínas

Elegir el tipo correcto de proteína es esencial para tener la ventaja de tener una masa corporal magra sin el riesgo de dolor muscular. El siguiente consejo es de un entrenador experto, el maestro taoísta Tommy Kirchhoff. Estudió las artes marciales populares Sheng Long Fu y es el Gran Maestro de Victor Sheng Long Fu. Es un experto en fitness versátil, y se le atribuye su contribución a consejos eficaces para los entusiastas del fitness.

No todos conocen este hecho: las proteínas están hechas para funcionar por igual en comparación con los carbohidratos y las grasas.

Así que la gente está tan equivocada cuando invierte en comer pollo solo. Todas las proteínas son una cura definitiva para el entrenamiento intenso y deben consumirse en la forma más absorbible.

¿Por qué?

Esto se debe a que los músculos necesitan una fuente inmediata de proteínas para satisfacer sus necesidades, especialmente durante un entrenamiento intenso. Con eso, debe optar por proteínas en polvo, ya que brindan el tipo de proteínas más rápido y absorbible para trabajar y reparar los tejidos de su cuerpo. Para saber qué proteínas en polvo son las mejores para usted, visite a su entrenador personal o nutricionista deportivo. También puede visitar una casa de deportes en su área o tiendas GNC.

Ahora bien, si no solo tiene el presupuesto adecuado para comprar estas proteínas en polvo, que por cierto pueden ser caras, puede optar por las claras de huevo. Lo único que debe recordar es esto: debe comerlas crudas y frescas.

Sí, puede obtener la mayor cantidad de aminoácidos en los huevos frescos crudos en comparación con cocinarlos. La razón de esto es que tan pronto como cocina el huevo, la estructura de sus proteínas cambia significativamente, haciéndolo menos absorbible. Así que manipular una clara de huevo, incluso si la agita, mezcla o revuelve, tiene efectos que tal vez nunca conozca. De hecho, es posible que su cuerpo ni siquiera utilice las proteínas por completo.

Por eso, siempre que necesite las mejores proteínas junto a las en polvo, consiga huevos frescos, separe las yemas (ya que contienen demasiada grasa y colesterol) y tráguelas.

Horario de las comidas

El horario de las comidas es una parte esencial de una dieta equilibrada. Cuando queremos estar en la parte superior de nuestra figura bien formada, el tipo, la cantidad y el momento adecuados son importantes para equilibrar las calorías a lo largo del día. Con eso, no hay necesidad de restringirse de comer menos alimentos o privar a su cuerpo de los ingredientes necesarios que debe usar para el trabajo de un día.

Nuestro metabolismo es diferente como nuestra identidad. Cada individuo tiene un perfil de salud y estilo de vida diferente, lo que explica por qué es difícil seguir un solo programa de dieta.

Un plan de dieta puede ser eficaz para usted, pero no para su amigo. Incluso la intensidad y la duración del ejercicio pueden no ser adecuadas para su amigo en comparación con el suyo. Entonces, para comprender mejor lo que realmente está sucediendo dentro de su cuerpo, aquí hay una explicación básica.

Momento

Hora del desayuno:

• El cuerpo ha ayunado después del sueño, por lo que no hay ingesta de alimentos durante 8-12 horas.

• Con esta ocurrencia, las reservas de energía (en forma de glucógeno) son definitivamente bajas.

• Aquí es donde nuestros músculos se encuentran en un estado llamado catabólico leve, ya que las reservas de energía se utilizan para obtener energía mientras no hay ingesta de alimentos durante 8-12 horas.

•	Las reservas de grasa se utilizan como energía. Por lo tanto, se quema y se moviliza.

Su objetivo metabólico en este momento es reponer las reservas de glucógeno que se utilizaron durante las horas de ayuno. También necesita detener el catabolismo de sus músculos para que no adquiera un estado de desgaste muscular. Junto con eso, también necesita apoyar el metabolismo continuo de la grasa.

Para hacer eso, necesita tener una combinación de proteínas de alta calidad que sean lo suficientemente absorbibles como para reponer rápidamente sus músculos después del ayuno, como huevos y carnes magras. También puede mezclar carbohidratos simples con complejos para reponer rápidamente la energía y, al mismo tiempo, liberar gradualmente parte de ella a medida que avanza en su rutina diaria.

La grasa también es importante, así que asegúrese de consumir ácidos grasos esenciales. Con eso, puede comer nueces, semillas y aguacates. Usted también puede hacer uso de una pequeña cantidad de aceite, como aceite de canola o aceite de semilla de lino.

Refrigerio de la mañana

•	El nivel de glucosa ya se está equilibrando gradualmente.

•	La sensación de hambre aumenta.

Su meta metabólica: dele a sus músculos la fuerza que necesitan consumiendo proteínas y suficientes carbohidratos. Es bueno equilibrar aún más su nivel de glucosa y, al mismo tiempo, reponer las reservas de proteínas.

Para hacer eso: Necesita mezclar proteínas y carbohidratos lo suficiente para alcanzar su meta metabólica. Considere alimentos con índice glucémico bajo y puede beber batidos de proteínas, proteínas de suero de leche y claras de huevo frescas.

Hora de comer

• El refrigerio matutino que ha comido se quema como energía y es posible que necesite más para el trabajo de un día completo.

Su meta metabólica es proporcionar a sus músculos suficientes calorías con carbohidratos y proteínas. El almuerzo puede ser su comida más importante en comparación con el desayuno y la cena, ya que trabajará más después.

Para hacer esto, simplemente mezcle productos cárnicos ricos en proteínas como carne de res o pollo, luego opte por carbohidratos altos en fibra y de bajo índice glucémico. También es bueno invertir en ácidos grasos esenciales.

Merienda de la tarde

• Los niveles de glucosa en su cuerpo ahora se están deteriorando.

• Con unas pocas horas de ayuno leve, su músculo vuelve a estar en un estado metabólico.

En este momento, su meta metabólica es nivelar gradualmente su glucosa y evitar que los músculos se catabolicen.

Para hacer esto: Simplemente elija un refrigerio que sea suficiente para mantenerse lleno hasta la cena. Consuma proteínas que se absorben lentamente, como huevos cocidos. En cuanto a los carbohidratos, elija los que sean bajos en azúcar, pero densos en calorías.

Hora de la cena

• Sus músculos son anabólicos mientras se preparan para otras 8-12 horas de ayuno durante el sueño. Esto es hasta las 12 de la mañana.

Sus objetivos metabólicos deben apoyar sus músculos mientras se encuentran en una etapa anabólica para que el estado catabólico no imponga ningún problema de salud a largo plazo.

Con eso, necesita comer tipos de alimentos que sean bajos en calorías, pero ricos en proteínas. Elija proteínas que se absorban lentamente como la carne de res, cerdo y pollo. Invierta en carbohidratos ricos en fibra y ácidos grasos esenciales.

El conteo de calorías está muerto

En este momento, si los informes de las agencias de salud son precisos, podría haber mil millones de personas en el planeta experimentando problemas de peso. La industria de la salud y el fitness, que genera miles de millones de dólares en ingresos relacionados con la salud, continúa produciendo varios programas de pérdida de peso basados en dietas calóricas reducidas drásticamente junto con entrenamientos extenuantes, y usted se pregunta por qué las tasas de obesidad siguen aumentando y si ese enfoque es realmente eficaz.

Muchos de los creadores de estos programas, por supuesto, enfatizan que para que funcionen hay que perseverar, ser disciplinado y tener la tenacidad para continuar frente a las dificultades que dichos programas pueden traer.

Quizás las dificultades que tiene que atravesar al emplear estas rutinas de pérdida de peso son el problema principal, lo que significa que todo el tiempo los fabricantes pueden haber estado vendiendo un enfoque que difícilmente funciona en primer lugar. ¿Bajar de peso rápido? Usted o cualquier otra persona tendrá dificultades para resistir ese tipo de discurso de marketing.

Déficit de calorías, un enfoque nuevo y más eficaz

Afortunadamente, algunos defensores de la pérdida de peso están tratando de cambiar los enfoques, de dietas bajas en calorías a métodos menos estresantes. Y basan el cambio en algo que es simple y lógico: el déficit de calorías.
Cuando tiene sobrepeso, solo significa una cosa; tiene depósitos de grasa en su cuerpo que su metabolismo no puede procesar. La pregunta es por qué su metabolismo no puede hacer eso. La respuesta es que está consumiendo más calorías de las que su metabolismo puede soportar. ¿Significa esto que tiene que morirse de hambre para perder peso? Por supuesto que no, arriesgará su salud si hace eso y terminará lidiando con problemas peores que antes.

La clave para perder peso sin experimentar una amplia gama de problemas es crear un déficit de calorías, lo que simplemente significa que ingiere menos calorías de las que su cuerpo demanda. Menos calorías son las palabras clave, no cero calorías. Cuando se ingiere menos calorías y se hace ejercicio, su cuerpo comienza a quemar los depósitos de grasa para proporcionarle la energía que necesita para los entrenamientos. Naturalmente, cuando su cuerpo quema los depósitos de grasa todos los días, no estará lejos de su peso ideal.

Ventajas

El enfoque del déficit de calorías tiene muchas ventajas que no están presentes en las dietas de pérdida de peso drásticamente reducidas. Usted no necesita comidas especialmente preparadas para asegurar los niveles de ingesta calórica requeridos. Todo lo que necesita es eliminar algunos de los alimentos cargados de calorías que tiene la costumbre de comer. Su cuerpo no se verá privado de la energía que le permite funcionar normalmente y se sentirá bien a medida que pierde peso.

Además de reducir las calorías, su dieta debe ser lo más equilibrada nutricionalmente posible. Desea que los limpiadores corporales naturales que contiene ayuden a que su metabolismo funcione de manera más eficiente. Necesita proteínas y otros nutrientes que promuevan la buena salud.

Beneficios

Uno de los beneficios del enfoque del déficit de calorías para perder peso es que su salud nunca se ve comprometida; en cambio, puede volverse más saludable. Y a diferencia de las dietas bajas en calorías que le dificultan proteger las ganancias porque la privación hará que los alimentos que solía comer sean difíciles de resistir, con este enfoque ya que es más lenta la dieta, será un hábito para cuando se haya dado cuenta de su reducción de peso.

Beneficios de la alimentación adecuada para la salud

A estas alturas, debe comprender completamente que una alimentación saludable no es sinónimo de hacer dieta, y especialmente en lo que respecta a las peligrosas dietas de moda. Comer la comida adecuada puede ser una lucha al principio, pero es un desafío que garantiza numerosos beneficios para la salud una vez que una alimentación saludable se convierta en una parte habitual de su vida.

Una ingesta equilibrada de vitaminas, minerales y otros nutrientes

Al saber qué alimentos comer más y cuáles comer con moderación, podrá beneficiarse de una ingesta equilibrada de vitaminas, minerales y nutrientes esenciales. Esto puede resultarle una sorpresa, pero demasiada vitamina en particular puede ser perjudicial para su salud.

La toxicidad de la vitamina D, por ejemplo, puede provocar un contenido excesivo de calcio en su cuerpo, lo que podría ser perjudicial para los huesos y el corazón. Por otro lado, las deficiencias de vitaminas son, como sabe, igual de malas. La hipocobalaminemia o la deficiencia de vitamina B12 pueden causar daños a largo plazo en los tejidos nerviosos si el trastorno no se aborda y no se trata.

Niveles de energía más altos

Mucha gente tiene dificultades para comprender la importancia de la energía porque es algo que en realidad no se puede ver. Aun así, la energía es algo que marcará la diferencia en cómo se siente, especialmente a medida que avanza en los años. Los niveles más altos de energía le permiten ser más activo físicamente, especialmente en comparación con sus compañeros que aún no han apreciado los beneficios de una alimentación saludable. Puede disfrutar de una mejor calidad de vida en general y pasar un tiempo más productivo no solo en el trabajo, sino también cuando pasa tiempo con sus seres queridos.

Reducción o eliminación del estrés

Es posible que las personas no mueran directamente de estrés, pero puede estar seguro de que el estrés es una de las principales causas que contribuyen a las enfermedades que sí matan. El estrés no solo afecta su salud. También puede afectar su carrera y sus relaciones personales. Incluso la forma en que interactúa con su familia puede verse afectada negativamente si deja que el estrés se apodere de usted.

Afortunadamente, una alimentación saludable es una de las mejores formas de combatir el estrés. Le pone de mejor humor y le hace menos vulnerable a la ansiedad y la depresión.

Presión sanguínea baja

La hipertensión es el otro nombre de la presión arterial alta y es un síntoma de muchos tipos diferentes de enfermedades crónicas. La mayoría de esas enfermedades afectan su corazón y pueden tener consecuencias potencialmente mortales. El mantenimiento de la hipertensión puede ser bastante costoso y la cirugía para casos críticos tiene un costo aún más prohibitivo. Sin embargo, puede evitar todos esos dolores de cabeza en el futuro si simplemente opta por hacer lo que está ahora comiendo de manera saludable.

Diabetes

Algunas personas todavía asumen erróneamente que la diabetes es algo que solo puede sufrir cuando se es joven. Otros creen erróneamente que es solo hereditario. Sin embargo, la diabetes es una enfermedad que se puede contraer en cualquier momento e incluso si no le gusta mucho comer dulces. Hay otras formas de que los niveles de glucosa de su cuerpo alcancen tasas anormales, pero puede combatirlas de manera efectiva simplemente comiendo de manera correcta.

Aparte de los mencionados anteriormente, comer bien también puede ayudar a reducir el riesgo de varios tipos de cáncer y enfermedades cardíacas. Como puede ver, una alimentación saludable es el primer y mejor paso que puede dar para disfrutar de una vida larga, saludable y plena.

Capítulo 2
Comprometerse con las metas

Los beneficios de mantener un peso saludable

Los beneficios de mantener un peso saludable son muchos. No solo mejora la calidad de vida, sino que también aumenta la cantidad de vida.

Estos son los principales beneficios de mantener un peso saludable:

- **Alivio de la incomodidad**

Cuando alguien tiene que cargar con kilos de más, su estilo de vida activo también se ve afectado. Incluso perder del 5 al 10% de su peso ayudará a reducir varios dolores, así como los que están asociados con la inactividad.

Los kilos de más de su cuerpo pueden causar más tensión en los huesos, músculos y articulaciones, lo que hará que funcionen más de lo normal solo para moverse. Pero, si su peso es menor, su cuerpo será capaz de trabajar de manera eficiente y evitará daños que pueden dificultar que una persona realice sus actividades diarias con éxito.

- **Corazón más sano**

Si su peso es alto, es posible que su corazón no pueda hacer su trabajo de manera efectiva incluso si está descansando. Sin embargo, si mantiene un peso saludable, aumentará la cantidad de sangre que va a varios órganos vitales del cuerpo, lo que también permitirá que su corazón haga su trabajo de manera eficiente.

Mantener un peso saludable también disminuye la tensión en el corazón y reduce el riesgo de sufrir un ataque cardíaco, angina de pecho y presión arterial alta.

- **Menor riesgo de diabetes**

Según algunas investigaciones y estudios, las personas con sobrepeso tienen un mayor riesgo de padecer diabetes tipo II. Si ya le diagnosticaron esta condición médica, es importante adelgazar ya que esto le permitirá controlarlo de una mejor manera. Si no tiene esta afección, mantener un peso saludable reducirá los riesgos de diabetes.

- **Evitación del cáncer**

Los expertos dicen que la pérdida de peso juega un papel muy importante para deshacerse del cáncer. Bajar de peso no solo evitará el desarrollo del cáncer, sino que también puede disminuir la posibilidad de desarrollar varios tipos de cáncer que se conocen hoy en día. Según algunos estudios, las mujeres con sobrepeso son más propensas al cáncer de vesícula biliar, mama, útero, colon, cuello uterino y ovario, mientras que los hombres con sobrepeso pueden desarrollar cáncer de próstata, recto y colon.

- **Prevenir la osteoartritis**

La osteoartritis es una condición en la que el tejido flexible en los extremos de los huesos se desgasta. Debido al exceso de peso, muchas personas pueden estar en riesgo de desarrollar esta afección. Sin embargo, con un peso saludable mantenido, este trastorno se puede prevenir fácilmente antes de que comience. Junto con el ejercicio y una dieta saludable, las articulaciones del cuerpo reducirán el peso y evitarán daños con el tiempo.

Estos son solo algunos de los numerosos beneficios de mantener un peso corporal saludable. Entonces, si desea vivir más saludable y evitar algunas enfermedades, comience a perder peso ahora.

El objetivo de mantener una buena imagen corporal

Es cierto que la imagen corporal realmente puede afectar su forma de vida y las tareas que necesita hacer para otras personas todos los días. Poseer buenas curvas y músculos que sean realmente fuertes ayudará a una persona a ejecutar mejor el trabajo y las operaciones en su trabajo porque estos factores aumentarán su confianza. También es un hecho que la imagen corporal afecta la impresión de otras personas que son completamente desconocidas. Junto con un estilo de vida saludable y en forma, puede lograr fácilmente una imagen corporal con la que muchas personas suelen soñar.

La imagen corporal es importante

Tener una curva corporal buena y proporcionada que sea saludable al mismo tiempo le hará sentir muy bien todos los días. Dado que la función de la imagen corporal es exponer su belleza externa, la gente evidentemente notará su forma de vida responsable y verdaderamente disciplinada. Aparte de estas ventajas, ahora puede alcanzar la mayor confianza, autoaceptación y autoestima, lo que es realmente útil para el desarrollo de su personalidad. También puede prevenir tendencias que le llevarán a hábitos alimenticios y trastornos del estado de ánimo que son realmente poco saludables por el hecho de que pueden afectar al sistema psicológico y llegar a la depresión.

Su mente y cuerpo siempre están conectados en todos los sentidos, en este caso, si tiene una buena estructura corporal, existe una gran posibilidad de que también pueda tener perspectivas en la vida que también sean buenas. Entonces, siempre que la gente piense que usted posee una condición física no tan buena, también puede afectar su mente, pero nunca se decepcione, es mejor resolver el problema con la ayuda de una dieta saludable y equilibrada con el acompañamiento de una dieta regular y ejercicio. Esta forma de vida le ayudará a darse cuenta de la importancia de su imagen corporal.

Los cuerpos pobres pueden recibir mucha discriminación y otros insultos relacionados que pueden causar un efecto degradante en su confianza y autoestima. Es bueno que pueda aceptar su verdadero yo para que nunca se sienta inseguro con otras personas que reciben buenas impresiones del público. De esta manera, puede darse cuenta de su valor como persona, incluso si no es perfecto. También puede generar estándares que le hacen pensar pensamientos más positivos que generan acciones que se consideran valiosas y realmente satisfactorias como bienestar.

Valorarse a sí mismo es algo bueno que puede ayudar a una persona a lograr sus planes de vida. Un cuerpo sano promueve un mejor pensamiento porque puede proporcionarle pensamientos que sean lo suficientemente estables para el trabajo y las tareas que necesitan soluciones inmediatas y satisfactorias. Las emociones y el sistema mental que son estables le impedirán conceptualizar las cosas de la vida en negativas. En este caso, es posible disminuir la probabilidad de sentirse deprimido y la existencia de ansiedades ya que estos factores son los principales motivos por los que una persona piensa negativamente en la vida.

Consejos para establecer metas de comer bien

Comer alimentos balanceados y saludables es una de las mejores formas en que una persona puede vivir más y prosperar. Para cuando comience a vivir, específicamente a comer bien, de una manera adecuada, no hay forma de que no pueda sentirte bien dentro de usted y en su apariencia exterior. Muchos efectos beneficiosos solo son posibles cuando comienza a llevar este estilo de vida. Nunca subestime el poder de este sistema y la estructura alimentaria que compone este enfoque tan saludable ya que definitivamente le dará la seguridad de obtener un bienestar fuerte y positivo.

Cómo comer adecuadamente

Los cereales integrales son uno de los mejores tipos de alimentos que son útiles para su plan en términos de comer bien. Su abundancia en el mercado también puede contribuir a su plan porque nunca tendrá dificultades para encontrar estos productos. Otra cosa es que los cereales integrales se pueden acompañar con distintos tipos de alimentos como verduras y frutas, e incluso leche; dándole muchas opciones sobre cómo puedes consumir este alimento. La importancia de los cereales integrales en su cuerpo es que pueden proporcionar nutrientes naturales que son necesarios para la energía completa que necesita su sistema todos los días.

Las verduras ya son conocidas por sus efectos beneficiosos sobre el organismo, pero a algunas personas no les gusta consumirlas por su estructura y apariencia. Esto es lo mejor de las verduras, porque al igual que las frutas, ahora se pueden beber mediante sistemas de licuado. Otra cosa que le sorprenderá con este alimento es que se puede comer crudo. Solo tienes que limpiarlo adecuadamente. Incluir verduras en sus planes de alimentación adecuada puede contribuir a neutralizar adecuadamente los alimentos que consume todos los días. También puede limpiar su sistema corporal porque tiene nutrientes naturales que limpian su sistema digestivo y otros factores relacionados.

Las frutas también se consideran un alimento común que consumen las personas que desean tener buenos hábitos alimenticios. Como sabe, las frutas están compuestas por diferentes vitaminas y minerales que crean defensas. para que el cuerpo resista enfermedades y dolencias. También pueden refrescar el cuerpo para hacerlo más animado. Las frutas también sirven como una herramienta natural que puede hacer que su piel sea más atractiva y fresca. Mientras consuma frutas, no hay forma de que no pueda recibir un enfoque natural para comer bien.

Mantener una dieta que se compone de un sistema bajo en grasas es reconocible. Si vas a freír, solo use sartenes antiadherentes para que ya no uses aceite que contiene muchas grasas. Comenzar la mañana con avena, aproximadamente un tazón, le brindará los beneficios totales que necesita para el día. Limite el consumo de alimentos dulces y evite fumar. Estos son algunos de los detalles que pueden ayudarlo a lograr su éxito en términos de comer bien.

Consejos para establecer objetivos para la imagen corporal

Si ha terminado de decidir mantenerse saludable mediante la preservación de una imagen corporal que es verdaderamente beneficiosa para todos, entonces su decisión es realmente mirar hacia un futuro y una perspectiva más brillantes en la vida. Como sabe, estar en forma y sexy al mismo tiempo significa muchas oportunidades y posibilidades de ser notado, no solo por su apariencia exterior, sino también por tu personalidad disciplinada que comúnmente alcanzan las personas exitosas. Ahora es posible obtener múltiples créditos trabajando con este procedimiento para mejorar la condición de la imagen de su cuerpo.

Se puede lograr una relación duradera siempre que conserve su belleza por dentro y por fuera. Como consejo, es bueno tener inspiración y motivación para llevar a cabo este acto de vida saludable en particular. Puede buscar razones como el trabajo, la familia y la vida amorosa e incluso preocupaciones sobre amigos y relaciones. Es un hecho común que las personas solo le aceptarán en función de su primera impresión, y es cierto que no pueden apreciarle como persona a primera vista. Esta es solo una muestra de motivación que puede utilizar para darse cuenta de inmediato de la importancia que tiene la imagen corporal para los ojos del público.

Los hábitos de trabajo requieren mucho esfuerzo y ejecución de energía. Esta razón puede usarse como motivación para que usted busque una vida más saludable mientras tiene un buen cuerpo. Siempre que haga ejercicio y coma los tipos de alimentos adecuados, puede generar un sistema positivo para su cuerpo, como la inteligencia y la energía. Como resultado, ya no tendrá que preocuparse por los resultados y logros que sucederán pronto después de realizar su trabajo de manera eficiente y eficaz acompañados de una cantidad adecuada de empuje y motivaciones.

La relación nunca tendrá una buena base si ambos socios no poseen la motivación para convertirse en una buena persona en relación con la apariencia interior y exterior. Es mejor ser consciente de cómo puede convertirte en una buena persona y que eso también reflejará cómo se ve desde fuera. La imagen corporal también puede ser una de las mayores motivaciones para que una relación se fortalezca en términos de unión. Sí, el amor es más importante, pero mantener una apariencia considerable puede generar más pasión en el amor. De hecho, la imagen corporal puede ser más beneficiosa porque puede hacer que las personas que están en una relación estén en un estado de romance más apasionado al hacer el amor, lo cual es muy saludable para el sentimiento, la conexión y la comunicación.

Su familia, especialmente sus hijos, necesita de su tiempo y esfuerzo cuando termina el día después de largas y ocupadas horas de trabajo. En este caso, es una motivación para que se vuelva más enérgico porque su trabajo no es la única entidad que necesita toda su atención. Es mejor patrocinar una vida saludable mediante el ejercicio para promover los efectos beneficiosos para su familia que solo pueden lograrse con una buena imagen del cuerpo.

Cómo cumplir con los objetivos de pérdida de peso que se ha fijado

Cumplir con sus planes es beneficioso cuando se depende seriamente de los logros de sus objetivos. Al llevar un estilo de vida saludable, también existe una gran posibilidad de vivir una forma de vida rica y cómoda. Entonces, cuando llegue el momento en que decida comenzar a trabajar con sus objetivos de pérdida de peso, nunca debe dejar de probar y practicar el sistema que puede brindarle oportunidades para toda la vida. También es posible obtener muchos beneficios si concentra su tiempo y dedicación en hacer que su peso sea satisfactorio, no solo para los ojos de otras personas, sino también para mejorar su salud y su vida.

Consejos para seguir adelante

Para mantener un buen enfoque en sus planes de metas de pérdida de peso, primero debe anotar todas sus razones, prácticas específicas y cómo y cuándo hará estas dietas y ejercicios. Escribir estas cosas le dará una ventaja, sin dejar que se desvíe del camino. De esta forma, también podrá monitorear los logros que ha logrado cada vez que practica este saludable hobby. Dado que escribe todos sus planes, también puede ser más flexible en el caso de que se salte algunas partes.

Realice su objetivo como realista; en otras palabras, haz que sea alcanzable el hecho de que no sacrificarás demasiado. Es mejor visualizar las cosas que pueden suceder en el futuro cercano, ya que la anticipación nunca lo llevará a la depresión. Cuando se concentra en estos beneficios alcanzables de perder peso, evitará el estrés.

Cómo cumplir con los objetivos de mantenimiento de peso que ha establecido

Hay muchas formas que pueden ayudarlo a alcanzar y mantener los objetivos que se ha propuesto para lograr la pérdida de peso. Pero la mayoría de las veces, en lo que respecta al mantenimiento de sus objetivos, estos planes son difíciles de realizar. De acuerdo, hay actos adicionales que deben realizarse junto con sus planes. Estas prácticas pueden contribuir a que sus planes establecidos sean agradables y seguros. De acuerdo, estos aditivos han demostrado ser efectivos en todas las condiciones de la estructura corporal.

Comprométase con sus metas

Dormir de 7 a 8 horas es una de las formas saludables de cumplir con sus planes. Siempre que tenga horas completas de sueño, existe una gran posibilidad de que pueda obtener energía suficiente para sus objetivos. Otro beneficio que puede obtener cuando duerme por completo es el enfoque que necesita su mente para realizar un mejor trabajo. Mientras practica este acto en particular, no hay forma de que fracase en sus planes. De acuerdo, nunca se sentirá agotado fácilmente ya que tiene la energía que necesita antes y después de las horas de trabajo.

Otro factor que puede ayudarle a lograr sus metas es la presencia de personas que le darán motivos para seguir trabajando con sus planes. Asegúrese de que no influyan en sus actividades, lo que hará que sus metas sean invisibles, lo cual es muy insignificante. Las personas malas e influyentes comúnmente ofrecen actividades que no son saludables y pueden arruinar su estilo de vida saludable. Los socios perfectos para sus propósitos de logro son aquellos que pueden compartir conocimientos y prácticas con usted.

Puede promover estos planes suyos entre sus amigos y familiares. Siempre y cuando les dé a conocer sus objetivos en estas prácticas saludables, no hay forma de que no pueda encontrar una persona que esté interesada y que venga con usted durante todas y cada una de sus sesiones de entrenamiento. Este factor también puede ayudarlo a evitar personas que pueden influir y arruinar fácilmente sus planes. Cene con sus amigos y familiares, de esta manera, puedes hablar sobre sus planes de acondicionamiento físico y quién sabe, tal vez algunos de ellos ya realicen este acto saludable que invita mucho a considerar.

Comer suficiente comida es beneficioso porque le proporcionará nutrientes, vitaminas y minerales que son buenos para su energía y preocupaciones mentales y emocionales. De esta forma, nunca perderá fuerzas que pueden proporcionarle energía y evitar que esté totalmente exhausto. Además, no se sentirá hambriento después de cada sesión de ejercicio a la que asista.

Todo lo bueno que surge de las grandes habilidades para establecer metas

Los resultados positivos se pueden lograr y se pueden lograr en poco tiempo, por supuesto, cuando se dedica, se concentra en los procedimientos y siempre busca un mañana mejor y los resultados beneficiosos de ser persistente. Aunque existen enormes obstáculos que pueden obligarlo a dejar de intentarlo, todavía existen numerosas razones y resultados que lo ayudarán a visualizar las cosas que puede hacer que continúe y mantenga el buen estado de sus planes. Junto con estas razones, nunca tendrá que sentir alguna dificultad al ser responsable de llevar a cabo sus objetivos. Como resultado, ahora puede obtener el resultado más positivo al que estaba apuntando desde el primer lugar.

Los planes enormes parecen inalcanzables, pero cuando tiene la perseverancia para hacerlos, no hay nada imposible en el proceso que tiene que superar y practicar casi todos los días. Aunque hay momentos en los que se sentirá agotado y estresado con respecto a sus objetivos, a medida que crea que los resultados positivos, las habilidades, el conocimiento y sus capacidades, solo aumentarán el límite, lo que es útil para lograr las tareas que tiene que hacer.

Las metas vagas existen la mayor parte del tiempo, especialmente cuando recién está comenzando la tarea. Pero nunca se rinda, junto con la operación de sus planes, en el proceso que se hace educado y consciente, existe una gran oportunidad para que pueda hacer que estos objetivos sean visibles y alcanzables. Como resultado, ahora puede hacer que sus objetivos estén bien establecidos y escritos en su diagrama organizacional. Este proceso le ayudará a no confundirse en términos de sus días de entrenamiento relacionados con el siguiente programa que está siguiendo.

Los planes de acción se volverán más productivos y efectivos a medida que continúe trabajando con su plan; este es un hecho que está probado y un sistema probado que está siendo llevado a cabo por muchas personas que se ocupan de los mismos objetivos que usted. Nunca deje de luchar por su objetivo y nunca se arrepentirá del resultado que surgirá después de cada sesión. A medida que continúe, poco a poco, notará que habrá cambios en su estilo de vida y en la figura de su cuerpo.

Identificar las consecuencias no es solo un riesgo o un problema que podría obligarlo a dejar de intentarlo; también es un factor beneficioso que lo empujará más a atravesarlo. Nunca sabrá el resultado cuando lo prevea; tiene que intentarlo al menos durante un período de tiempo considerable. A medida que actúe, nunca se sentirá culpable por no haberlo intentado ni practicado.

Las recompensas son alcanzables y siempre se pueden realizar tanto como sea posible. El trabajo duro merece algo de crédito, así que comience a vivir de manera saludable y, en poco tiempo, se sentirá satisfecho con los resultados de la felicidad.

Establecer objetivos realistas para el control de la pérdida de peso es fundamental para llevar un estilo de vida saludable. Si desea que los efectos de su arduo trabajo duren, es extremadamente importante que siga los consejos de este libro. Recuerde que es posible que no vea los resultados de inmediato, pero con tiempo y esfuerzo seguramente quedará satisfecho. Espero que esta información le haya sido de ayuda y ¡buena suerte!

Encontrar la belleza interior mientras hace dieta

Nuestra cultura se caracteriza por una excesiva preocupación por las apariencias externas. A nadie le gusta el proceso de hacer dieta, pero todos esperan ansiosamente los resultados: un cuerpo perfecto, delgado y hermoso. El enfoque en la dieta, el ejercicio y la perfección de las apariencias externas es tan grande que la mayoría de las personas no se dan cuenta de que existe algo llamado belleza interior.

La dieta debe hacerse más por la salud que por la belleza externa. No es necesario encajar en la idea popularmente aceptada de lo bello. Si todo el mundo luciera como las modelos del mundo de la moda, nos aburriríamos de la vida.

Secreto para una dieta exitosa

Puede lograr un gran éxito con la dieta solo si se concentra en aceptarse tal como es. Esto de ninguna manera significa que deba dejar de perfeccionarse y trabajar por una mejor salud. Simplemente indica un cambio de enfoque de simplemente intentar crear una persona que encajaría en el ideal de otra persona que se acepta como es.

Mucha gente hace dieta para ser otra persona, una persona que alguna vez fuiste u otra persona cuya apariencia admiras. Hasta que no se acepte a sí mismo como quien es, no podrá ser feliz con ningún peso. A veces, aceptarse a uno mismo puede ser muy difícil, pero merece la pena.

Importancia de la autoaceptación

La principal razón del aumento de peso es la alimentación emocional en la que las personas comen para llenar un vacío dentro de sí mismas. La gente come para llenar el vacío causado por la depresión, la incertidumbre, la soledad y muchos más factores.

A las personas deprimidas les resulta muy difícil perder peso. Estas personas pueden encontrar satisfacción solo en la autoaceptación. Una vez que las personas se liberan de la depresión y la autocondena, descubren que han perdido peso rápidamente.

Deje de enmarcar definiciones de sí mismo sobre la base de su peso. Cuando haya llegado a un punto en su vida en el que pueda aceptarse tal como es y sienta que su dieta y régimen de ejercicio están bajo su control, hable con su médico y averigüe lo que dice.

Para lograr el éxito con la dieta, por lo tanto, debe encontrar la belleza dentro de usted. En el proceso de hacer dieta y ejercicio, realice un simple ejercicio mental. Conócete mejor y preséntate a la persona que aspiras a ser.

Los dos pronto se fusionarán en una personalidad, una imagen que es perfectamente aceptable para usted, independientemente de las ideas bombardeadas en su cerebro por los anunciantes de productos cosméticos.

Capítulo 3
Diferentes tipos de dietas

Ha decidido que una dieta baja en calorías es lo adecuado para usted. Ahora, ¿cómo hará que esto funcione? Hay varias cosas que querrá tener en cuenta cuando se trata de estos planes de dieta. En primer lugar, tenga en cuenta que se está comprometiendo con un cambio de estilo de vida, uno que requerirá práctica y dedicación para lograrlo. Ninguna dieta es fácil. Pero recuerde esto. Por este sacrificio, usted gana años adicionales en su vida, salud y más energía, ya que la mayoría de las personas que pierden peso harán todas estas cosas y más.

Ahora, ¿cómo comenzará a manejar su dieta baja en calorías? Primero, considere una de las cosas más importantes. Esa es su nutrición. No puede perder peso o estar más saludable si no está comiendo los alimentos adecuados. De hecho, encontrará que simplemente no puede perder peso de manera efectiva si su cuerpo está luchando por mantener su salud y bienestar. Por lo tanto, tómese un tiempo para tener en cuenta no solo los alimentos bajos en calorías, sino también los alimentos bajos en calorías que son nutritivamente equilibrados para su salud.

Su dieta baja en calorías realmente puede funcionar si dedica el tiempo y la energía para asegurarse de que los alimentos que consume sean bajos en calorías y altos en nutrientes.

Dieta baja en calorías: alimentos sin calorías

Dado que está siguiendo una dieta baja en calorías, sería bueno saber si realmente hay alimentos que pueda consumir que no contengan calorías. Eso le daría el beneficio de poder satisfacer su hambre sin tener que empeorar sus planes de dieta. El hecho es que hay algunos buenos alimentos bajos en calorías que debes considerar. Si de hecho necesita ayudar a evitar esos dolores de hambre, esta puede ser la forma de asegurarse de que suceda.

Al considerar los alimentos que están etiquetados en el mercado como sin calorías, échele un vistazo. Si son muy costosos, es posible que no valgan la pena. Si bien todos los alimentos tienen algunas calorías, algunos ofrecerán una ingestión mucho mejor que otros. ¿Qué pasa si el producto sin calorías tiene un sabor horrible? Entonces, busque un producto que sea bajo en calorías. Bajo es mejor que nada para el sabor y mejor que todas las calorías también.

¿Qué pasa con todos esos productos que dicen ser alimentos con calorías negativas? Los alimentos con calorías negativas son en realidad alimentos que tienen calorías, pero a menudo requieren más trabajo para consumir que las calorías que realmente contienen. Por ejemplo, si está comiendo un alimento que contiene 100 calorías, pero le toma 150 calorías consumirlo, en realidad está reduciendo sus calorías en 50 solo para comerlo. Un buen ejemplo de ello es el apio; su cuerpo tarda un tiempo en digerirlo, lo que puede dejarlo con una sensación de saciedad que también está reduciendo su ingesta.

Cuando esté considerando estos alimentos, considere el valor nutricional que tienen. Por ejemplo, otros alimentos incluyen ajo, espárragos, brócoli, zanahorias, manzanas, limones y naranjas. Si son alimentos con buenos antecedentes nutricionales, como estos, entonces puede ser beneficioso consumirlos en lugar de alimentos que no son saludables.

Comer fuera con una dieta baja en calorías

Probablemente cene fuerza de su casa al menos una vez cada dos semanas. Cuando lo hace, puede ser perjudicial para su dieta baja en calorías. Tenga en cuenta:

1.	Determine a dónde va con anticipación y eche un vistazo al menú en línea del restaurante. La mayoría de las cadenas más grandes e incluso algunas de las mejores ubicaciones individuales proporcionarán una lista completa del mismo. Puede utilizar esta información para ayudarlo a encontrar los elementos más saludables del menú. También puede utilizar la web para buscar esas recetas en línea, en otro restaurant.

2.	Busque alimentos en el menú. En la mayoría de los restaurantes, puede solicitar una guía nutricional que le brindará detalles sobre la salubridad de la comida. A continuación, puede tomar sus decisiones sabiamente. Algunos incluso ofrecen una sección de su menú que es baja en calorías. Si no, pregunte.

3.	Busque los alimentos adecuados. Las comidas vegetarianas son una excelente opción, ya que a menudo contienen muchos menos alimentos con alto contenido de grasas saturadas y calorías. Además, busque alimentos que no estén cocidos en salsas espesas, cremas o que tengan mantequilla agregada. Pídale al chef que los deje fuera. O solicite una comida especialmente preparada que se adapte a sus necesidades.

Cuando haga estas cosas, verá rápidamente lo beneficioso que puede ser estar en su dieta baja en calorías y aun así no perder cuando sale.

Lidiar con el agua

Una de las cosas más difíciles de tener en cuenta para las personas cuando se trata de una dieta baja en calorías es que deben beber agua. ¿Por qué agua? ¿Por qué no puedes beber lo que quieras? Hay una gran razón para esto. Cualquier tipo de bebida, que no sea agua pura, tiene calorías. Estas calorías ocultas son la peor forma de desperdiciar las calorías del día. Considere esto. ¿Prefieres comer algunas verduras más o llenarte con unas onzas más de pollo o te gustaría beber una lata de refresco? Cuando pueda aprender a renunciar y beber agua de manera efectiva, se ahorra valiosas calorías para usar en otras partes de su dieta.

Las calorías no son fáciles de contabilizar cuando está a dieta. Realmente necesita cortarlas siempre que pueda, y eso se incluye en la bebida que consume. Una lata de refresco puede tener desde 50 calorías a 200+. Pero otra cosa a considerar es lo que obtienes por esas calorías. No tiene una sensación de plenitud en el estómago, por lo que todavía está pesado. No obtiene mucho sabor, ya que generalmente desaparece en unos minutos. Y obtienes cafeína, azúcares e incluso grasas que simplemente no necesita.

Para que el agua sea una opción más sabrosa, agréguele un poco de especias. Una forma simple pero efectiva de hacer esto es simplemente agregar un poco de limón o lima al agua. Debería consumir aproximadamente 2 litros de agua por día. Si no está seguro de cuántos está recibiendo, cada mañana llene una jarra en el refrigerador con dos cuartos de galón. Si no lo termina, no habrá recibido su agua para el día. Para cuando haya aprendido a reemplazar sus bebidas con agua, se habrá ahorrado innumerables calorías.

Quema de calorías de manera efectiva

¿Está buscando quemar algunas calorías adicionales de su dieta? Definitivamente puede hacer esto si sabe cómo hacerlo. El ejercicio es una buena opción.

¿Cómo puede realizar un seguimiento de las calorías que ha quemado? Desafortunadamente, los pequeños contadores de calorías que ahora se encuentran en la mayoría de las máquinas de ejercicio estacionarias no viajan con usted. Si lava la ropa, sube y baja escalones todo el día o camina por la oficina, ¿cuántas calorías está quemando?

Hay una herramienta disponible en línea que puede ayudarlo a contar las calorías que está aportando a su régimen de ejercicio. Esa es una calculadora de ejercicios. Incluso puede encontrarlos disponibles sin costo alguno. Cuando use uno, todo lo que tendrá que hacer es introducir los ejercicios que está haciendo a medida que los termina y durante cuánto tiempo los está haciendo y puede aprender exactamente lo que ha quemado. Puede encontrar productos similares en el mercado que también contarán la cantidad de calorías que ha consumido por día.

Agregar una herramienta como ésta a su ejercicio diario puede ser muy beneficioso para su dieta en general. Puede ver dónde ha perdido calorías y aumentar su pérdida de peso. O, si está haciendo algunos entrenamientos adicionales y quemando calorías adicionales, en realidad puede comer un poco más de comida para ayudar a compensar. Con todo, contar las calorías de sus ejercicios es una excelente manera de mantener un estilo de vida saludable y una dieta saludable y baja en calorías.

La dieta de tres horas: ¡una revolución en la dieta!

La dieta juega un papel importante en el estilo de vida actual. La vida actual exige un cuerpo sano y atractivo. Hay una gran cantidad de dietas disponibles para los fanáticos del fitness de hoy en día. Algunos de ellos son bien conocidos entre el público en general y son comúnmente seguidos, mientras que otros son celosamente guardados por los practicantes. La dieta diseñada por Jeorge Cruise, llamada dieta de tres horas, es un secreto bien guardado. La gente es en gran medida escéptica acerca de esta dieta, ya que propone que uno puede perder peso comiendo cada tres horas. Sin embargo, esta dieta se basa en un principio científico común y está aquí para quedarse.

La idea básica detrás de esta dieta es que el cuerpo humano necesita una alimentación adecuada a intervalos de tiempo regulares. En ausencia de esto, el cuerpo cambiará a un 'modo de inanición'. En esta condición, el cuerpo no quema la grasa como se supone que debe hacerlo. En cambio, la grasa extra del cuerpo se retiene mientras se queman los músculos.

La mayoría de las dietas conocidas por las personas reducen la ingesta de alimentos para reducir el peso. Por lo tanto, dejan a la gente con hambre constantemente pensando en el día. Sin embargo, la dieta de tres horas no hace esto. En cambio, muchos tienen que recordarse a sí mismos que deben comer constantemente configurando alarmas y programando descansos regulares para comer. Sin embargo, comer cualquier tipo de alimento arruinará todo el efecto de la dieta. Es muy importante comer los tipos de alimentos adecuados al seguir esta dieta. Se puede obtener información al respecto en el libro de Jorge Cruise llamado 'la dieta de las tres horas'. Este libro brinda información sobre cómo hacer que la dieta funcione para diferentes personas de acuerdo con sus necesidades y estilos de vida. La información sobre el plan de peso y las formas de incluirlo en la rutina diaria también se puede obtener registrándose en línea.

El libro es la guía más ideal para esta dieta. Es una enciclopedia de hechos, trucos y varios consejos sobre cómo seguir esta dieta y asegurarse de que uno se apega a ella sin importar qué. Lo más importante que debe recordar es que esta dieta debe seguirse hasta la última regla para obtener los resultados deseados. El horario dado por el plan de dieta debe seguirse religiosamente. Los verdaderos seguidores de esta dieta deben estar listos para comer una vez cada tres horas para aprovecharla al máximo.

Esta dieta se basa en el peso actual y la cantidad de peso que desea perder en el período de tiempo dado. Las necesidades del cuerpo humano varían de persona a persona. Esta dieta toma estas necesidades en consideración para lograr los mejores resultados. Las personas han afirmado perder hasta 5kg. en solo dos semanas inmediatamente después de comenzar la dieta, mientras que otras han continuado y han afirmado que se puede perder tanto peso al seguirla. Muchas celebridades han seguido esta dieta para obtener resultados brillantes. Ahora se han convertido en fanáticos de ella y la están respaldando.

Dieta Atkins: alimentos procesados frente a alimentos no procesados

No es raro que quienes comienzan el programa Atkins se sientan atraídos por la variedad de productos bajos en carbohidratos disponibles en los mercados hoy en día. De hecho, existe una amplia variedad de artículos empaquetados que se fabrican específicamente para ser bajos en carbohidratos y probablemente se sienta tentado a llenar su bolsa de compras con estos productos. Los artículos como polvo de hornear bajo en carbohidratos, bocadillos bajos en carbohidratos y sustitutos de pasta y pan bajos en carbohidratos pueden atraerlo a agregarlos a su lista de compras, pero tal vez sea mejor para su salud y para su dieta si los usa con moderación.

Los alimentos bajos en carbohidratos son, simplemente hablando, un sustituto de sus alimentos ricos en carbohidratos favoritos. Pueden agregar diversidad a su plan y ayudarlo a superar sus antojos en un apuro, pero un vistazo a la etiqueta puede revelar la cantidad de químicos que realmente contienen.

Una cosa importante para recordar es que la dieta Atkins le da una importancia primordial a los alimentos crudos y sin procesar. De hecho, la pirámide alimenticia de la dieta Atkins se centra en la carne fresca y las verduras frescas como su dieta clave. Mezclados con estos se encuentran los quesos naturales, una variedad de frutas y más adelante, granos enteros sin procesar. Se desaconsejan enfáticamente los productos como verduras enlatadas, carnes envasadas y comida instantánea.

La pirámide alimenticia de Atkins muestra estos alimentos en su estado crudo con una buena razón. Existen ventajas comprobadas de consumir alimentos mínimamente procesados. Considerando que existe el peligro de consumir productos envasados o procesados industrialmente, ya que estos contienen una gran cantidad de productos químicos nocivos que pueden causar varios problemas. Es preferible comer alimentos crudos e integrales, que retienen los nutrientes y vitaminas esenciales para el organismo.

Los ingredientes de alimentos crudos y frescos son la mejor apuesta para una dieta saludable. Existe una tendencia a depender de alimentos que técnicamente están permitidos en el programa pero que no son muy saludables. Por ejemplo, muchas personas en el plan consumen mucho tocino porque parece ser un buen suplemento proteico. Pero pocos saben que el tocino contiene grandes cantidades de nitrito de sodio, que se sabe que causa cáncer.

Se sabe que el consumo de alimentos sin refinar, sin procesar y sin manufactura, según lo recomendado por la pirámide de Atkins y los libros de dietas, causa reducción de peso y transformaciones en la salud. Para una salud óptima es mejor comer alimentos que proporcionen nutrientes naturales y frescos.

Los productos envasados bajos en carbohidratos, por otro lado, pueden dificultar la adherencia a la dieta, ya que instiga los antojos de carbohidratos en ciertas personas. Si el consumo de estos alimentos hace que desee disfrutar de alimentos con alto contenido de carbohidratos, es mejor que se abstenga de consumirlos.

Si siente que su reducción de peso en el plan de Atkins se está estancando, reevalúe su compromiso con los alimentos sin refinar y sin procesar. Puede estar comiendo carbohidratos ocultos en forma de alimentos bajos en carbohidratos y también consumiendo más de lo que es saludable. Si es así, elimine lo procesado y empaquetado y vuelva a enfocarse en lo fresco y sin refinar. Mientras compra, quédese en la sección donde se encuentran los alimentos frescos sin procesar.

Llevamos vidas ocupadas y, a veces, está bien depender de alimentos preparados como carne y verduras envasadas. Se puede entender la necesidad de recurrir una y otra vez a la sopa enlatada, las verduras enlatadas y el tocino, pero en la medida de lo posible debemos intentar concentrar nuestra dieta en productos frescos y sin procesar. Al hacerlo, sus esfuerzos por perder peso y tener una buena salud definitivamente valdrán la pena.

Monohidrato: la mejor y más natural forma de lucir un cuerpo atractivo

Obtenga consejos sobre cómo lograr y mantener un gran cuerpo a través de un suplemento natural conocido como monohidratos.

La mayoría de las personas hoy en día anhelan cuerpos musculosos, ya que se consideran hermosos. Se ha vuelto común asociar un cuerpo musculoso y atractivo con un cuerpo sano, pero conseguir esos codiciados músculos requiere un trabajo duro. Un ejercicio adecuado todos los días en el gimnasio es imprescindible, sin mencionar seguir una dieta estricta que sin duda requiere determinación y disciplina. Cuando se sigue correctamente, da como resultado un cuerpo de gran apariencia y bien tonificado.

Las personas que están familiarizadas con el mundo de la lucha libre seguramente deben conocer el tipo de condición física que mantienen los luchadores. Un gran ejemplo de aptitud suprema es el ex gobernador de California y ex superestrella de Hollywood, Arnold Schwarzenegger. Incluso para soñar con un cuerpo como ese, los entrenamientos regulares e intensivos en el gimnasio son imprescindibles, además de los entrenamientos, también se necesitan suplementos para mejorar el tono muscular y para ayudar a un mayor desarrollo.

Los suplementos para el culturismo están disponibles en abundancia en los mercados, estos suplementos ayudan a obtener el cuerpo necesario en muy poco tiempo. El monohidrato de creatina es uno de los suplementos más populares disponibles en los mercados de todo el mundo. Un gran número de culturistas dan testimonio de que este suplemento ofrece los mejores resultados en el menor tiempo posible.

Durante los Juegos Olímpicos de 1966, algunos atletas usaron monohidrato para lucir un cuerpo atractivo y esta fue también la razón por la que ganaron una medalla en los Juegos Olímpicos. El monohidrato de creatina fue descubierto en el año 1832 por un científico de Francia que da testimonio del hecho de que el monohidrato ha estado en uso durante un período bastante largo, pero fue solo durante el año de 1923 que se desarrolló el suplemento, para almacenar el 95% del producto en los tejidos.

El monohidrato de creatina natural es producido por los siguientes órganos:

1.   Hígado
2.   Riñones
3.   Páncreas

Desde estos órganos se transporta a través del torrente sanguíneo a los tejidos musculares. Cuando el monohidrato de creatina llega a los músculos, se convierte rápidamente en un metabolito llamado fosfato de creatina, que es de alta potencia. El metabolito producido en los músculos repone el trifosfato de adenosina o las moléculas de ATP, que se conoce como la principal fuente de energía de los músculos.

Este suplemento está certificado como 100% natural y puede ser ingerido en el cuerpo a través de los alimentos que comemos, que es la razón principal de su popularidad sobre los esteroides y otros medicamentos para el desarrollo del cuerpo, que no solo son tóxicos para el cuerpo, sino que también están prohibidos. Por otro lado, el monohidrato de creatina es perfectamente legal y se puede utilizar en cualquier competición deportiva sin temor a una prohibición.

Con un entrenamiento adecuado y la cantidad adecuada de monohidrato de creatina ingerida en el cuerpo, la masa muscular del cuerpo se puede aumentar en solo un par de semanas. Este suplemento energiza los músculos, mejora las rutinas de ejercicio (principalmente durante los entrenamientos de alta intensidad)

También ayuda a desarrollar una alta fuerza muscular y también ayuda a ganar masa muscular más rápido que cualquiera de los otros suplementos para el desarrollo del cuerpo. Esto ayuda a generar más energía para los entrenamientos de alta intensidad. Además de todo esto, también ayuda a reparar los músculos dañados o desgarrados rápidamente para que pueda volver a su rutina más rápido.

Como se ve claramente en este artículo, el monohidrato de creatina contribuye en gran medida a la mejora y resistencia muscular, y la mejor parte es que es perfectamente legal.

Hacer dieta por cirugía de pérdida de peso

Todos los que se consideran muy obesos tienen solo unas pocas opciones para perder peso cuando el período de tiempo es muy crítico. La mayoría ha cambiado de un tipo de dieta a otro durante la mayor parte de sus vidas, pero solo para darse cuenta del fracaso y también para desarrollar una sensación de impotencia y desesperanza que a su vez conduce a un enfoque muy pesimista en la vida.

La idea errónea generalizada sobre las personas con sobrepeso es que ellos eran los únicos responsables y que si eligieran lo contrario no estarían tan gordos. Esto es solo bueno en teoría, pero no es cierto en la práctica en general. Existen algunas afecciones médicas que causan ciertas disfunciones corporales y, por lo tanto, estas personas no pueden controlar el peso que aumentan. También existen problemas ambientales que también pueden influir en el peso. Pero es irónico que muchos de los casos de adictos a las drogas y alcohólicos sean atendidos y vistos con mayor compasión que una persona obesa.

La cirugía en sí misma es una cirugía grande y no es una opción que se pueda tomar sin pensar. Muchas personas se dan cuenta de que la cirugía implica un gran cambio en su estilo de vida y también un nuevo método de alimentación que es un compromiso de por vida. Debido a estos hechos, se sugiere que todos los que se someten a la cirugía deben tener un IMC mayor de al menos 40. Esto a su vez significa que se recomienda para hombres que pesan más de 50kg. y mujeres que tienen un peso extra de 40kg. aproximadamente.

Se deben considerar cuidadosamente los beneficios y riesgos de dicha cirugía antes de decidir. Los riesgos que conlleva son grandes y no deben pasarse por alto por la desesperación por adelgazar. Las deficiencias nutricionales provocan que el 20% de las personas que han optado por esta cirugía tengan como resultado final una insuficiencia de nutrientes. Esto puede causar osteoporosis y peores condiciones a medida que envejece. Algunas complicaciones son el resultado de la cirugía por sí misma. Tendrá problemas de por vida al comer mucho o los tipos incorrectos de alimentos, y algunos que alcanzan las metas descubren que el peso puede regresar a veces. Como la vida misma, no hay seguridad sobre las cirugías para bajar de peso.

Para decidir si necesita o no esta cirugía, debe hacerse algunas de las siguientes preguntas que pueden ayudarlo a tomar una decisión de cualquier manera.

¿Mi volumen adicional está obstaculizando actividades diarias importantes?

¿Mi volumen adicional está causando alguna otra condición que pueda dañar mi bienestar?

¿Es mi volumen extra algo que creo que debería controlar yo mismo?

¿Podré manejar las consecuencias y todos los seguimientos que se requieran?

El principal problema de muchas personas que necesitan recurrir a la cirugía es el hecho de que no pueden volver a tomar el control del cuerpo. Las posibilidades de que un candidato a cirugía elimine la grasa por sus propios métodos son muy menores, ya que es muy probable que haya intentado y fallado todas las demás dietas que figuran en cualquier libro.

Solo puede decidir si la cirugía es una buena opción para sus necesidades. Pero si finalmente decide que eso es lo que quiere hacer, discuta claramente todas las posibles consecuencias con su médico para evitar la posibilidad de cualquier daño grave más adelante durante su vejez.

La dieta milagrosa del PH

La dieta milagrosa del PH ha revolucionado la perspectiva de la alimentación. La dieta aspira a alcanzar niveles de pH de 20% ácido y 80% alcalino en la ingesta alimentaria. Esto tiene como objetivo igualar los niveles de ph del torrente sanguíneo, que se inclina hacia lo alcalino. Esto puede ser un desafío para algunas personas, ya que la comida que suelen consumir se considera mayoritariamente ácida. Por lo tanto, es importante reconocer las fuentes de contenido alcalino, elaborar una lista de dichos alimentos y agregarlos a su dieta milagrosa de PH.

Los alimentos alcalinizantes neutralizan la acidez presente en el torrente sanguíneo, dando así al cuerpo una sensación de rejuvenecimiento. Regeneran y restauran las células del sistema y refrescan el cuerpo, actuando así como un "soplo de aire fresco". La ingesta repetida de alimentos con alto contenido de ácido provoca una degradación prematura del cuerpo. Estas "bombas de ácido" son transportadas por todo el sistema por el torrente sanguíneo, causando daño y representando una amenaza y peligro para el cuerpo. Podemos optimizar el nivel de PH en nuestra sangre identificando qué alimentos tienen una propiedad alcalinizante e integrándolo en nuestra dieta en mayores cantidades. Los niveles 7 y superiores se consideran alcalinos, y los niveles en sangre humana se encuentran entre 7,35 y 7,45.

La forma más sencilla de alcalinizar el organismo es comiendo frutas y verduras. Algunas verduras alcalinizantes son: hierba de cebada, alfalfa, hojas de remolacha, remolacha, zanahorias, repollo, brócoli, acelgas, coliflor, apio, berza, diente de león, pepino, judías verdes, ajo, berenjena, guisantes, colinabo, col rizada, lechuga, hojas de mostaza, cebollas, verduras de solanáceas, pimientos, guisantes, chirivía, rábanos, calabaza, colinabo, espinaca, verduras del mar, batata, brotes, berros, tomate, verduras silvestres y qué hierba.

Algunas frutas alcalinizantes son: aguacates, albaricoques, manzanas, bayas, plátanos, moras, cerezas, melón, coco, grosellas, higos, dátiles, uvas, melaza, pomelo, limas, limones, melones, naranjas, nectarinas, melocotones, piña, peras, frambuesas, pasas, fresas, ruibarbo, mandarinas, frutas tropicales, tomates y sandía.

En el proceso de adición de más alcalino en la dieta, las proteínas pueden representar un problema. Todas las proteínas de origen animal son ácidas. Pero hay proteínas que son alcalinizantes. Algunas son: almendras, mijo, castañas, tofu, proteína de suero en polvo y tempeh.

¿Qué es la comida sin esas hierbas, especias y edulcorantes, que añaden mucho a su carácter? Estos adornos alcalinizantes se pueden agregar a sus esfuerzos culinarios para equilibrar los niveles de PH. Los condimentos que tienen un efecto alcalinizante son: curry, canela, jengibre, ají, mostaza, sal marina, miso, stevia, tamari y todas las hierbas.

Los minerales también son esenciales para la salud. Se puede mantener un equilibrio adecuado del PH en sangre identificando qué minerales son alcalinizantes. Algunos son: potasio, cesio, sodio, magnesio y calcio.

Además de estos, hay algunos ingredientes que facilitan aún más la adición de alcalinos a la dieta. Estos pueden enumerarse como: vinagre, sidra de manzana, agua antioxidante alcalina, gránulos de lecitina, polen de abeja, cultivos probióticos, melaza, jugos verdes, productos lácteos ácidos, jugos de frutas frescas, jugos vegetales y agua mineral.

El conocimiento de qué alimentos y suplementos agregan alcalino a los niveles de PH es solo el primer paso. La implementación, que requiere compromiso y planificación, es la siguiente. La mejor manera de evaluar el nivel de PH del cuerpo, una vez que estos alimentos se han agregado a la dieta, es la prueba de tira de saliva. Estas pruebas están disponibles en la mayoría de las tiendas naturistas. Un PH entre 7 y 8 presume de buena salud.

No se debe olvidar que el objetivo de la dieta milagrosa del PH es asegurar que la ingesta ácida sea menor que la ingesta alcalina. Esto no significa necesariamente que no se puedan consumir alimentos más ácidos. El equilibrio de la dieta debe orientarse simplemente hacia los alimentos alcalinos.

Manteniendo un equilibrio de PH adecuado, se puede asegurar que el cuerpo se desempeñe a un nivel óptimo.

Dieta milagrosa del pH - Crítica

Siempre que algo se vuelve famoso, algunas fuentes lo critican. La recientemente famosa dieta milagrosa del pH no es diferente. El programa tiene seguidores y también muchas críticas.

La primera crítica a la dieta es el hecho de que pide a las personas que sean veganas y/o vegetarianas. Los críticos afirman que la dieta, especialmente con la eliminación de los productos lácteos (fuente vegetariana de proteínas), es muy baja en contenido proteico. Sin embargo, esto proviene de la idea errónea de que necesitamos una gran cantidad de proteínas. Ir por la popularidad de la dieta baja en carbohidratos (que es simplemente alta en proteínas) ha agravado esta concepción en la cabeza de la gente. Lamentablemente, la salud se ha vuelto igual a comer lácteos y carnes rojas.

De todos modos, hay muchas fuentes de proteínas saludables que no contienen los efectos ácidos nocivos de los productos lácteos o la carne roja. En realidad, muchas personas toman demasiadas proteínas y no menos. Generalmente, las mujeres necesitan alrededor de 45 gramos por día, y un hombre necesita alrededor de 55 gramos. Una taza de tofu (que es aceptable con una dieta de pH) tiene alrededor de 20 g de proteínas. Y los frijoles tienen alrededor de 8 gramos cada media taza. Entonces, en realidad, es fácil obtener suficiente proteína con una dieta vegetariana.

Una crítica más sobre este tema tiene que ver con el calcio. La mayoría de la gente tiende a equiparar el consumo de leche con tener huesos más fuertes. Pero, a pesar que muchos la consumen, los casos de osteoporosis son alarmantes. Hay muchas fuentes de calcio en los productos alimenticios alcalinizantes que mejorarán la protección contra la osteoporosis.

La mayoría de los críticos también dicen que la importancia de los alimentos frescos y las verduras es la causa real de la victoria que muchos obtienen de las dietas. La dieta milagrosa del pH recomienda comer alrededor del 70 por ciento de las verduras y algunas frutas necesarias. A este ritmo, no importa si está consumiendo alimentos alcalinizantes, cualquiera verá una mejora en su salud. La mayoría de los críticos ignoran la necesidad de una dieta milagrosa para el equilibrio del pH.

Sin embargo, hay muchas personas que obtienen buenos resultados después de deshacerse del trigo, que es un alimento ácido. No es un producto que generalmente se relacione con una mala salud, sin embargo, eliminar el trigo ha demostrado ser una bendición para muchas personas que sufren los efectos de una comida demasiado acidificada. La cantidad de vegetales alcalinizantes presentes en la dieta seguramente hará bien a cualquiera, sin importar si se toman en serio las otras partes de la dieta. Si sigue consumiendo productos alcalinos, mejorará la salud independientemente del rigor de la dieta.

Pero esto provoca otra crítica famosa en el libro. La mayoría de la gente dice que la dieta milagrosa del pH es demasiado estricta para su seguimiento diario. La reducción de alimentos como la leche, las proteínas animales y el trigo parece excesiva para algunos. No pueden imaginarse pasar un día completo sin consumir estos grupos de alimentos. La idea de limitarse a una dieta que contenga alimentos de origen vegetal parece demasiado estricta. Sin embargo, la mayoría de las personas que utilizan la dieta milagrosa del pH están obteniendo buenos resultados sin tener que ser 100% rígidos con las reglas.

Como la mayoría de las otras dietas, la dieta milagrosa del pH recomienda pasos para una mejor salud. El énfasis aquí está en los pasos. No es razonable pedirle a nadie un cambio total de 180 grados sobre sus hábitos alimenticios. El uso de un método más lento para cambiar la dieta dará resultados finales más prolongados y exitosos. Si alguna dieta se hace palabra por palabra, es muy difícil al principio porque la mayoría de las personas están acostumbradas a comer siguiendo un patrón determinado. Pero con el tiempo y un poco de práctica, cualquiera puede mejorar su salud mediante una dieta más equilibrada.

Vegetarianismo y la dieta milagrosa del pH

La dieta milagrosa es un régimen que ayuda a restablecer el equilibrio en nuestro organismo mediante el consumo de alimentos alcalinos. Las células del cuerpo son naturalmente alcalinas y puede mejorar la función natural de su cuerpo al consumir alimentos alcalinos. Además de este consumo, el Dr. Robert Young, quien creó la dieta, recomienda omitir elementos acidificantes como el trigo, los lácteos y la carne. Convertirse en vegetarianos es imprescindible para quienes desean una mejor salud, según el Dr. Young. Acepta que el cambio al vegetarianismo requiere mucho control y fuerza mental.

La dieta que es más estándar en Estados Unidos no carece de alimentos alcalinizantes y no es vegetariana. Las proteínas animales son inevitables en la dieta de las personas. A pesar de ello, no existe la obligación de consumir proteína animal.

Podría compensarse bien con las fuentes ricas en proteínas disponibles en el grupo vegetariano.

En nuestra sociedad prevalece la creencia de que las proteínas fomentan el bienestar físico y la salud de un individuo. Especialmente a los hombres, se les exige consumir grandes cantidades de carne para tener vitalidad y fuerza. Sin embargo, esta invención ha prevalecido durante mucho tiempo. Ya en el siglo XX, los científicos creían que el consumo de carne equivalía a la fuerza, sobre todo en el campo del deporte. Este mito ha sido esencialmente la fuerza impulsora detrás del consumo de carne en el último siglo.

En realidad, la necesidad de proteínas por parte del cuerpo de una persona es menor de lo que supone la mayoría de las personas. Las fuentes de proteínas vegetarianas son abundantes y son aceptables en la dieta milagrosa del pH. Hay muchas fuentes entre las que una persona puede elegir.

Pero, ¿por qué este programa prohíbe la proteína animal?

Lácteos, carnes y huevos que son fuentes de proteína animal tienen un significado acidificante en nuestro cuerpo. Esto tiende a prevalecer sobre el consumo de carnes no orgánicas.

El consumo de carne procesada puede provocar la exposición de hormonas, sustancias químicas y medicamentos que se administran a los animales antes de que sean sacrificados. Los riesgos de las hormonas prevalecen ya que no existen estudios definitivos sobre ellas. Nuestro consumo de antibióticos aumentará a medida que los animales sean periódicamente alimentados con ellos. Este mayor consumo conducirá a la reducción de bacterias útiles en nuestro cuerpo. Esto conduce a la acumulación de ácido metabólico en nuestro sistema, lo que provoca efectos desastrosos. Las bacterias útiles que controlan la acumulación de ácido metabólico en nuestro sistema son destruidas por los antibióticos en los animales.

Cambiar al vegetarianismo es más una batalla mental que una batalla física. De hecho, la ausencia de proteína animal acidificante conduce a un organismo eficiente. El consumo de carne es una rutina y las ventajas de consumirla son una ficción. No hay necesidad de carne físicamente. Omitir la carne de nuestra dieta nos lleva a abrir los ojos a una gran variedad de alimentos que reemplazan de manera convincente a la carne.

Cuando uno sigue la dieta milagrosa, notará que el Dr. Robert sugiere una equidad de 70 por ciento de alimentos alcalinos y 30 por ciento ácidos. Por lo tanto, existe cierto grado de consumo de artículos del grupo ácido. Aunque sería tentador consumir proteínas de origen animal, es preferible elegir entre los alimentos menos ácidos como avena, huevos, pastas y otros productos.

Sin duda, es decisión del individuo convertirse en vegetariano puro. Reducir la cantidad de proteína animal conducirá a mejoras en su salud eventualmente.

Los mayores errores dietéticos

En cuanto a que la dieta se considera errores, se cometen casi a diario, algunos de estos errores son reales y profundos, algunos van con el territorio, pero hay pocos errores que tengan una implicación más duradera que otros. La única forma de evitar estos errores es aprender sobre ellos y evitarlos durante el curso de su régimen de pérdida de peso.

El mayor error que cometen las personas que hacen dieta es adoptar la estrategia de todo o nada. Estas personas que hacen dieta eliminan de la despensa cualquier cosa que consideren que dará lugar a la más mínima tentación. Después de hacer esto, las personas que hacen dieta comienzan con un régimen dietético estricto que no solo es difícil sino casi imposible de continuar, creyendo que pierden todo en el momento en que se alejan de su régimen de dieta militar.

El método anterior puede funcionar para algunas personas, pero conducirá a una ira no deseada, frustración y, a veces, incluso al fracaso. Lo más importante en relación con el régimen de dieta es el objetivo. ¿Cuál es el objetivo de la dieta? La respuesta es deshacerse de esos kilos de más. Hay más de una manera de lograr su objetivo sin morir de hambre o empujarse al borde del abismo.

Otro gran error en relación con la dieta es la selección del plan de dieta. Algunas personas cometen el error de seleccionar un plan que implica comer la misma comida todos los días. Los seres humanos disfrutan del cambio y se frustrarán con la rutina, por lo que es necesario cambiar nuestro patrón de vez en cuando. Puede hacer esto eligiendo un régimen de dieta que permita una variedad más amplia de alimentos en lugar de uno que limite la cantidad de opciones.

Algunos de los otros errores comunes le están privando de toda la comida que disfrutamos. La moderación es la palabra clave aquí. Tenga una dieta rica en frutas y verduras, pero no olvide darse un capricho de vez en cuando para mantenerse sano y en marcha. Lo importante aquí es no olvidar disfrutar de la comida mientras hace dieta, si le gusta comer chocolates, ¿por qué querría privarse de comerlos? No hay nada de malo o pecaminoso en comer la comida que le gusta, pero el problema es que la mayoría de las personas disfrutan del tipo incorrecto de comida.

Nunca cometa el error común de no establecer metas. Al establecer metas, es importante recordar que nunca se deben establecer aquellas que sean casi imposibles de alcanzar. Por otro lado, no se debe seguir un régimen en el que prácticamente no se logran metas. La clave aquí es establecer objetivos que sean alcanzables, estos tienen la mayor probabilidad de ser logrados. Hacer públicos estos objetivos y solicitar apoyo tampoco es una mala idea.

También es importante durante el transcurso de un régimen dietético nunca frustrarse y darse por vencido. Los contratiempos son comunes y los enfrentan casi todas las personas, incluso las que han logrado un éxito impresionante en su régimen de dietas han fracasado en el camino. El resultado final es que termina obteniendo un cuerpo más saludable y algo por lo que vale la pena luchar. A veces, sus metas pueden desviarse, pero siempre es posible establecer nuevas y comenzar de nuevo. En algún lugar del camino, es posible que tenga un par de días malos o, a veces, una semana mala, incluso en relación con su régimen de dieta. Esto no debería ser un impedimento para sus planes, sino que debe superarlos para ver una persona más saludable.

Aprenda de los errores que comete, supérelos y avance rápido. Los fracasos deberían enseñarle tanto como el éxito. Una vez que aprenda de estos fracasos, estará bien encaminado para lograr una personalidad más saludable. Independientemente de la cantidad de peso que planee perder debe dedicarse a la tarea de adelgazar. También recuerde que una persona sana es aquella que tiene buenos hábitos de alimentación y no una que trata de morirse de hambre. Seleccione un enfoque moderado y estará bien encaminado hacia el éxito.

¿Qué hay en una píldora de dieta para bajar de peso?

Quiere perder peso y ha oído hablar de las pastillas para adelgazar, pero tal vez dude un poco sobre su uso. Aquí hay algunas cosas para considerar.

La mayoría de los programas para adelgazar tienen regímenes realmente estrictos y actividades extenuantes y por esta razón muchas personas prefieren optar por alguna otra alternativa sin tener que pasar por el esfuerzo de esforzarse demasiado.

Por lo tanto, se puede entender fácilmente cómo las píldoras para adelgazar con sus promesas de simplemente 'derretir' la celulitis y la grasa en un santiamén, atraen a la mayoría de las personas y están fuertemente tentadas a recurrir a estas píldoras.

Cuando existe un método tan fácil de perder peso, ¿quién querría pasar por el esfuerzo de desarrollar bíceps y abdominales a través del ejercicio y la dieta?

Hoy en día, se dice que el 60% de los estadounidenses son obesos. No es de extrañar, entonces, cómo los fabricantes de estos medicamentos "maravillosos" se dirigen a esta población. Solo en Estados Unidos, estas empresas están ganando millones de dólares.

Hay muchas preguntas. ¿Son ciertas las afirmaciones de los fabricantes acerca de que su medicamento puede ayudar a perder peso? ¿Qué efecto tienen estos medicamentos para hacer que las personas pierdan peso? Supongamos que es cierto, ¿estos medicamentos ayudan a mantener el peso ideal y previenen el aumento de peso en el futuro?

Es cierto que existen pastillas para adelgazar que hacen que la gente pierda kilos. Contienen muchas sustancias que han sido probadas científica y clínicamente para mostrar resultados.

La píldora de dieta funciona provocando un aumento en el metabolismo del cuerpo y, por lo tanto, provocando la pérdida de peso. Además, estas píldoras contienen sustancias que pueden suprimir el apetito de una persona.

Pero con las numerosas píldoras para adelgazar en el mercado hoy en día, es cada vez más difícil tomar una decisión correcta sobre qué píldora elegir. La mayoría de las personas pierden la paciencia y terminan comprando la píldora de dieta incorrecta.

En realidad, solo hay cinco cosas a considerar al elegir una píldora de dieta que sea efectiva y segura para consumir. A continuación, se muestra una lista que puede resultarle útil para elegir una pastilla para adelgazar que sea adecuada.

1.   Capacidad de impulsar el metabolismo
El metabolismo es la capacidad de su cuerpo para quemar grasa. Mientras busca una pastilla para adelgazar, es recomendable elegir una pastilla que tenga ingredientes que aumenten el metabolismo corporal.

Es posible que desee elegir una píldora que contenga ácido alfa lipoico, "L-canitina" y extractos de té verde porque se ha demostrado que todos estos ingredientes son clínicamente efectivos para aumentar la pérdida de peso al aumentar la tasa metabólica.

2.   Supresores del apetito
Elija pastillas para adelgazar que supriman el apetito. La gente suele pensar que estas píldoras les harán saltarse comidas. La píldora simplemente evita que sienta hambre con demasiada frecuencia. La ingesta excesiva de calorías se

inicia cuando las personas ingieren comidas en horas inusuales y entre comidas y esto conduce a la obesidad.

3.   El tapón de calorías
La obesidad se produce cuando se consumen en exceso más de las cantidades recomendadas de calorías y, por lo tanto, es importante elegir pastillas para adelgazar que tengan sustancias que puedan frenar la ingesta de calorías en el cuerpo.

Estos ingredientes se denominan "Phaseolus vulgaris". Esto crea una enzima que puede controlar eficientemente el exceso de calorías para que no ingresen al cuerpo. La enzima en cuestión se llama "alfa amilasa".

4.   Potenciadores metabólicos
Las mejores pastillas para adelgazar son aquellas que tienen elementos 'lipotrópicos' que se sabe que eliminan la grasa del cuerpo. Funciona algo similar a una barredora que barre el exceso de grasa del cuerpo. Los elementos lipotrópicos están presentes en la vitamina C, los extractos de té verde, el ácido alfa lipoico y el quitosano.

5.   Rompedor de retención de agua
Se supone que las pastillas para adelgazar que contienen diuréticos son muy eficaces. Durante el programa de pérdida de peso, son estos elementos los que evitan la retención de agua en el cuerpo.

Todos estos factores son efectivos en la pérdida de peso y están clínicamente probados. Pero no basta con tomar pastillas para adelgazar. El ejercicio sigue siendo muy importante.

Por lo tanto, con la píldora de dieta correcta y el ejercicio, definitivamente se dirigirá a una vida más delgada y saludable.

Medicamentos que inducen la pérdida de peso

Se muestra en las investigaciones actuales que el porcentaje de personas sanas se reduce en el mundo. La principal causa de esta deficiencia de aptitud física se debe al aumento de personas obesas. Lo más sorprendente es que los pacientes que sufren de obesidad no son solo del sector de los adultos, sino que incluyen a los niños a partir de los diez años. El factor que causa este problema de obesidad varía desde los hábitos alimenticios hasta la genética. Lo que preocupa a los médicos es que, si los niños de diez años desarrollan obesidad, será más difícil para esa persona deshacerse de ella en la etapa posterior debido a la desaceleración de la tasa metabólica.

Afortunadamente, debido al avance en el campo de la ciencia médica, es posible resolver el problema de la obesidad de muchas maneras. El paciente tiene la opción que va desde la cirugía hasta el cambio de hábitos alimenticios, dependiendo de la voluntad del paciente. Siempre es favorable para el interesado utilizar la salida más rápida: los medicamentos para adelgazar.

Comenzó ya en 1950, se recetaron medicamentos para bajar de peso. Estos medicamentos funcionan aumentando el nivel de serotonina, lo que hace que el cerebro crea que el estómago está lleno, lo que aumenta efectivamente la tasa metabólica.

Poco después, en 1990, se descubrieron los efectos secundarios de estos medicamentos, por ejemplo, la enfermedad de las válvulas cardíacas. Esto llevó a la expulsión de las drogas. Desde entonces, los medicamentos desarrollados recientemente requieren la aprobación de la FDA, muchos de los cuales todavía están en lista de espera.

La forma en que actúa el fármaco es simple, cambia el cuerpo sin necesidad de cambiar la dieta ni evitar nada tentador para comer.

Esta industria ha obtenido grandes beneficios del consumidor. Los medicamentos están fácilmente disponibles sin receta o simplemente recetados por el médico. Sin embargo, los efectos secundarios siguen siendo eminentes. El paciente puede pasar por muchas experiencias desagradables como diarreas, vómitos incluso problemas urinarios, siendo los más fatales un infarto o un ictus. La sobredosis puede incluso provocar alucinaciones o convulsiones.

Dependiendo de los hábitos del paciente, los efectos secundarios varían. Siempre vale la pena consultar a un médico antes de comprar medicamentos para bajar de peso. Estos son solo los efectos secundarios físicos,

La investigación muestra que la estabilidad mental también puede verse afectada, ya que el paciente puede sufrir cambios de humor, pesadillas, depresión e incluso irritación severa.

Un estudio clínico muestra que los medicamentos para la reducción de peso funcionan de manera eficiente con la ayuda de una dieta baja en calorías junto con el ejercicio de rutina. La dieta debe tener alimentos de todos los grupos. Los fitoquímicos, micronutrientes y enzimas de frutas y verduras son esenciales. Otras fuentes de grupos de alimentos, como las vitaminas, la fibra y los minerales, también son importantes para que el cuerpo tenga una dieta saludable y se mantenga en forma.

Hacer ejercicio también es importante, uno podría entrenar regularmente en el gimnasio cercano o simplemente preferir dar un largo paseo todas las mañanas. Se debe consultar al médico para hacer la cantidad y la intensidad correcta de ejercicio todos los días. El ejercicio debe incluir entrenamiento cardiovascular (para el corazón) y con pesas (para la pérdida de peso). Ayudan a reducir las calorías dentro del cuerpo y reducen el porcentaje de grasa en nuestro cuerpo. Al hacerlo, la cantidad de grasa en el músculo se reducirá ayudando a aumentar la tasa de metabolismo en nuestro cuerpo y mantenerse en forma.

Plan de pérdida de peso: el objetivo a seguir

Generalmente, el exceso de grasa lo pone en riesgo de tener muchos problemas relacionados con la salud. Debe obtener planes de pérdida de peso para evitar estos riesgos y también para prevenir enfermedades.

¿Cuál es el objetivo a largo plazo? ¿Qué pasa con las metas a corto plazo que debe establecer para lograrlas? Tendrá muchas más posibilidades de alcanzar todas las metas si puede asegurarse de que estos planes que podría utilizar sean razonables.

Algunas de las pautas dadas por los expertos para elegir el plan correcto:

1. Intente ser realista
Los planes a largo plazo de muchas personas son más ambiciosos de lo que deben ser.

Por ejemplo, en caso de que pese alrededor de 90kg. y el plan es reducir a 70kg., aunque no ha pesado tanto desde los 16 y ahora casi 45, que no es un objetivo adecuado.

El índice de masa corporal llamado IMC corto es un muy buen indicador para saber si tienes que perder algo de peso. El rango adecuado de variación del IMC, según ciertas fuentes internacionales, es de 19 a 24,9. En caso de que su IMC esté entre 25 y 29,9, debe considerarse con sobrepeso. Todos los números por encima del rango de 30 son el rango de obesidad.

Según el punto de vista, las personas necesitan un plan de pérdida de peso sano que se correlacione con el IMC necesario de acuerdo con su altura, ya que este es el factor principal que afecta sus niveles de IMC.

2. Establezca objetivos razonables
Probar una idea para bajar de peso por pura vanidad es mentalmente un poco menos útil que perder peso para mejorar la salud.

Se ha dado un gran paso adelante si decide y emprende un plan de pérdida de peso adecuado que incluya comer bien y hacer ejercicio para que se sienta mucho mejor y también para tener energía para hacer cosas positivas en la vida.

3.Intente y céntrese en hacerlo, no en perderlo.
En lugar de decir que perderá al menos 500gr. al final de esta semana, es mejor decir cuánto ejercicio ha hecho esta semana. Eso sin duda sería un plan sensato.

Tenga en cuenta que el peso en un lapso de una semana no está totalmente bajo su control, solo su comportamiento seguramente lo está.

4. Intente incorporar bits

Los planes a corto plazo para bajar de peso no deberían ser como "un pastel en el cielo". Lo que significa que, si no ha hecho ejercicio por un tiempo, el mejor plan para la semana debe basarse en conocer alrededor de tres rutas de un sector para caminar durante toda la semana siguiente.

5. Mantenga la motivación
Una actitud de vida o muerte solo asegura su fracaso. Debe evaluar sus esfuerzos de manera objetiva y justa. En caso de que no complete algunos objetivos, déjelos ir y pase a la próxima semana. No se necesita un registro perfecto.

La autoestima debe sin duda ser parte de los planes de adelgazamiento. Si no es así, podrías terminar fracasando.

6. Utilice siempre intentos medibles
Decir que será positivo en las próximas semanas o que quiere ponerse serio esta semana no son objetivos que pueda medir, por lo tanto, no deben formar parte del plan de pérdida de peso.

Esa es otra razón por la que debe incluir ejercicios en el plan y también concentrarse en él. Cualquiera debe poder incluir 3 minutos de tiempo de ejercicio para tener mucho éxito en el plan.

La conclusión es que todos deben usar planes que seguirán siendo solo un plan. Deben ponerlo en práctica solo mediante la inclusión de objetivos que los animarán a tener éxito.

Programa de pérdida de peso: en una semana

La idea detrás del programa es que desarrolle un enfoque uniforme hacia la pérdida de peso y también una resistencia saludable durante el ejercicio. El objetivo principal de este programa es reducir los excesos en el cuerpo, como el exceso de grasa. Pero no tejidos musculares sanos y delgados y fluidos corporales importantes que son muy vitales.

Este programa inicialmente necesita su dedicación y enfoque, por lo tanto, debe estar equipado tanto en la mente como en el cuerpo. Se aconseja que primero acuda al médico para un chequeo de rutina antes de comenzar los programas de adelgazamiento.

Es necesario que cada vez que comience con programas de pérdida de peso, tenga la suficiente seguridad para trabajar hacia los resultados. Muchas personas tienden a impacientarse, pero los resultados a largo plazo están garantizados siempre que se mantenga el plan diseñado para ellos teniendo en cuenta la condición y las necesidades de su cuerpo.

Antes de hacer los ejercicios es obligatorio realizar algunos estiramientos para evitar cualquier tipo de lesión en el cuerpo.

No se recomienda que nadie se esfuerce mucho. Todas las cosas deben hacerse en los niveles correctos. Debe conocer el nivel de entrenamiento y ejercicio que más le convenza. Tiene que ser lo suficientemente correcto para sentirse cómodo, pero no demasiado fácil para que no sea un desafío.

En la primera semana

Los primeros días del programa requieren caminatas largas y constantes durante unos veinte minutos. Después de caminar, intente continuar con los estiramientos. Esto solo toma poco tiempo en los primeros días. En menos de una hora, habrá dado los primeros pasos para cualquier programa de pérdida de peso que pueda funcionar en su beneficio.

En el segundo día, es mejor pensar en los entrenamientos de la parte superior del cuerpo. Esto mantendrá la fuerza para continuar con el programa durante toda una semana. Y el tercer día, se requiere un trote brillante o una caminata de unos diez minutos. Para los principiantes, los entrenamientos de la parte inferior del cuerpo deben realizarse en la noche.

Para el cuarto día, se requiere un buen descanso, junto con un buen tramo largo. El tiempo de espera debe usarse correctamente para corregir los pensamientos negativos en su mente. Comience el quinto día con una caminata rápida de diez minutos. Haga ejercicios para la parte inferior del cuerpo en aproximadamente cuatro sesiones de entrenamiento, luego haga otra caminata durante diez minutos y haga otra ronda de cuatro sesiones de entrenamiento para la parte inferior del cuerpo.

El sexto día debe dedicarse a ejercicios menos duros como la natación. Para deshacerse del aburrimiento, pruebe algo nuevo. El séptimo día es el momento de obtener el apoyo de las personas que le suelen interesar. Dedique algo de tiempo para ellos o tráigalos con usted para la caminata. Además, haga entrenamientos ligeros para la parte superior del cuerpo después de la caminata para no perder el calentamiento.

Este es solo el comienzo. Para la semana inicial, si puede seguir con el programa, entonces tiene la oportunidad de aumentar la pérdida de peso y también permanecer de acuerdo con el plan hasta que alcance el resultado deseado. Trate de no ser como algunas personas que tienden a darse por vencidas fácilmente porque no pueden ver el resultado final en el período de tiempo que esperan, ¡como en este instante, hoy! La paciencia es la virtud más importante. Piense en cuánto pasará su cuerpo para eliminar toda la grasa.

Nueve hechos sobre la fibra

Si busca una dieta con alto contenido de octanaje, le alegrará saber que la fibra es exactamente lo que necesita. La gente no se toma este nutriente en serio a pesar de que las investigaciones demuestran que es poderoso.

Aquí hay nueve datos importantes sobre la fibra que le ayudarán a alimentar su salud.

1.	La fibra es un luchador natural contra las enfermedades. Una dieta rica en fibra ayuda a prevenir el cáncer de colon y las enfermedades del corazón. La fibra también ayuda en la eliminación del colesterol por la acción de unirlo al tracto digestivo. La fibra también ayuda a detener el estreñimiento.

2.	La fibra también ayuda a enfriar el cuerpo cuando se calienta demasiado. Los alimentos ricos en fibra suelen tardar más en masticar y, por lo tanto, en digerirlos más y, por tanto, te hacen sentir satisfecho durante más tiempo.

3.	El contenido de fibra en los alimentos populares es muy inferior. Si está acostumbrado a depender de la comida popular, es hora de comenzar a aumentar su contenido de fibra.

4.	Los granos tienen la mayor cantidad de fibra. Las mejores fuentes de fibra son los productos de cereales concentrados y los cereales integrales.

5.   Es fundamental que los niños ingieran fibra. Los niños mayores de dos años deben incluir necesariamente fibra en su dieta, ya que son los más receptivos a la fibra de las frutas, los cereales de desayuno enriquecidos y las verduras.

6.   Con la ingesta de fibra debe haber una adecuada ingesta de agua. Para que la fibra se mueva a través del tracto digestivo se necesita mucha agua. Cuando se consume una dieta rica en fibra se requiere un mínimo de ocho vasos al día.

7.   Los beneficios para la salud de la fibra no se pierden durante la cocción. Al cocinar frutas y verduras, no hay necesidad de preocuparse por perder el contenido de fibra. La fibra que se encuentra en estas frutas y verduras no solo se encuentra en la piel del producto.

8.   La fibra no se debe llevar más allá de un cierto límite. Una persona debe tomar más de 50 g por día, ya que esto puede provocar diarrea e hinchazón y también interfiere con la absorción de otros minerales.

9.   No es difícil obtener la cantidad requerida de contenido de fibra en su dieta, aunque el concepto erróneo es que es difícil incluir suficiente fibra en la dieta. Para obtener la cantidad correcta, todo lo que necesita hacer es comer el tipo correcto de alimentos.

Cuando está decidido a lograr un estilo de vida saludable, comer fibra es algo que no debe perderse, ya que sirve para más de un propósito diferente, la mayoría de los cuales se han mencionado anteriormente.

La desventaja de la tendencia de la "dieta rápida para bajar de peso"

Estas soluciones rápidas para perder peso se denominan dietas de moda, ya que no son más que una tendencia, una moda. La gente se daría cuenta de esto solo cuando vean que la dieta no les ha ayudado de ninguna manera.

Los puntos que se discuten a continuación son los que se deben considerar antes de confiar ciegamente en los llamados programas efectivos de pérdida de peso que se promueven en los mercados después de gastar tanto dinero. Son solo historias homónimas para hacer que la gente prefiera sus programas de dieta. Entonces, aquí van:

1. Perderse las comidas
Un programa de dieta definitivamente puede denominarse dieta de moda si requiere que la persona se salte las comidas en cualquier momento del día. No comer alimentos en el momento adecuado puede provocar problemas graves, especialmente si la persona es diabética.

Saltarse las comidas es completamente insalubre ya que solo resultaría en un nivel bajo de azúcar en la sangre, también conocido como hipoglucemia, lo que resultaría en un mayor consumo de alimentos en las próximas comidas.

2. Hacer dieta sin ejercicio o viceversa
Los ejercicios son muy importantes para mantener un cuerpo sano y en forma. Ayuda a mantener la circulación sanguínea adecuada en el cuerpo, así como a llevar a cabo otros procesos.

Por lo tanto, los planes de dieta que carecen de ejercicios son básicamente inútiles. Para un mantenimiento adecuado del cuerpo, la dieta y el ejercicio deben combinarse en la proporción adecuada.

3. Holgazaneando continuamente

Posponer los planes de dieta no es lo mejor que se puede hacer. Esto se debe a que el aplazamiento conduciría al letargo. Si el plan de dieta requiere que pierda peso dentro de un tiempo estipulado, claramente implica que no es más que una dieta de moda aspirante a establecer tendencias que es absolutamente insalubre.

Precisamente, podemos decir que perder lentamente el exceso de peso con una dieta adecuada y ejercicio es una mejor manera de perder peso que simplemente seguir ciegamente una dieta de moda rápida que podría resultar en más complicaciones y efectos secundarios. Se dice así porque una dieta de moda puede no hacer que la persona se sienta bien con todo el proceso, mientras que el proceso de pérdida de peso planificada y saludable puede hacer que se sienta bien y dejar un entusiasmo positivo.

Pierda peso a base de hierbas: 5 ingredientes importantes y efectos secundarios

Hoy en día, las personas obesas tienen la necesidad de deshacerse de esos kilos de más. Mantenerse en forma les ayudaría a llevar un estilo de vida saludable y también a eliminar la carga de su cuerpo, mejorando su bienestar general.

Hay varias opciones de dieta que se pueden adoptar. Algunas son equipos de fitness, programas de ejercicio, suplementos dietéticos, alimentos dietéticos, bebidas y jabones que aparentemente ayudan a reducir el peso mientras se baña.

Otra opción que permanece abierta para deshacerse de esos kilos de más es adoptar métodos a base de hierbas.

Para las personas que desean perder peso de forma natural, los productos de reducción de peso a base de hierbas son su mejor opción. Pero cuando uno toma suplementos a base de hierbas para lograr la pérdida de peso, el período de espera es más largo debido al leve efecto de las píldoras que provienen de hierbas naturales y plantas.

A continuación se muestran algunas opciones de reducción de peso a base de hierbas que puede consultar:

1. Producto a base de hierbas para adelgazar
Hay muchos productos en el mercado que le ayudan a perder peso a base de hierbas. Incluso en Internet encontrará muchos de estos medicamentos para bajar de peso.

Pero debe tener cuidado con los productos que elija, porque, aunque algunos afirman ser naturales y seguros; causan efectos secundarios a largo plazo.

A continuación, se enumeran algunos ingredientes químicos que se utilizan en productos herbales que debe evitar cuidadosamente, ya que pueden producir un efecto nocivo para la salud de su cuerpo.

• 	Senna. Es un laxante a base de hierbas y es el ingrediente principal utilizado en los tés para bajar de peso. Se estimula en el colon. El principal inconveniente de Senna es la deshidratación, el trastorno del colon e incluso adicción. Cuando ocurre la adicción, a algunas personas les resulta difícil realizar movimientos intestinales en ausencia de esta hierba.

• 	Picolinato de cromo. Es un ingrediente sintético utilizado en productos a base de hierbas. El cromo ayuda a regular el nivel de azúcar en sangre. Sin embargo, el consumo excesivo puede dañar los cromosomas y, en algunos casos, conduce a la deshidratación del cuerpo.

• Hierba de San Juan. Aumenta la producción de sustancias químicas en el cerebro. Pero si se usa incorrectamente, causa sensibilidad en la región de la piel y los ojos, fatiga, trastornos gastrointestinales y picazón.

Aunque la mayoría de los productos a base de hierbas dicen que son 100% naturales y seguros, se deben estudiar cuidadosamente los ingredientes y efectos de los productos antes de tomar estas cápsulas dietéticas.

2. Alimentos orgánicos
La comida orgánica se ha abierto camino en hoteles y casas especializadas. Las personas que consumen alimentos orgánicos creen firmemente que comer este tipo de alimentos ayuda a su cuerpo y al medio ambiente simultáneamente.

Las personas que comen huevos y verduras producidos orgánicamente dicen que son mucho más saludables y ahorran mucho dinero que generalmente se gasta en médicos y fármacos. Esta también es una opción extremadamente buena para los observadores de peso, ya que no agregan mucho peso a su cuerpo en comparación con los productos alimenticios que se procesan químicamente.

3. Té verde
Investigaciones recientes revelan que beber té verde o extractos de té verde ayuda a quemar el exceso de calorías. Se ha descubierto que el té verde aumenta la pérdida de grasa en aproximadamente un 40%, reduciendo así el contenido de grasa rápidamente.

Esta es una muy buena opción para las personas que desean adelgazar. Al realizar experimentos, se descubrió que las personas que consumían té verde habían perdido de 2 a 3 veces más peso en comparación con las que no lo hacían.

Por lo tanto, el té verde es una opción obvia y natural para las personas que desean tratar la obesidad. También sirve como una opción dietética saludable y tiene efectos extremadamente buenos en el cuerpo en comparación con los alimentos con cafeína. Una taza de té verde proporciona una oleada de energía inmediata sin tener los efectos secundarios producidos por los productos con cafeína.

3. Cafeína
Beber café le da al cuerpo un impulso de energía muy necesario y también ayuda a aumentar la quema de grasa.

4. Hierba de la inmortalidad
Su nombre biológico es Gymnostemna Pentaphyllum y tiene las siguientes ventajas:

- Mayor tasa de quema de grasa
- Aumenta el flujo sanguíneo
- Mantiene una presión arterial saludable
- Reduce los bloqueos arteriales

5. Vinagre de sidra
Hay muchas píldoras y suplementos que contienen vinagre de sidra de manzana como ingrediente principal. Sus beneficios incluyen:

- Controla la presión arterial.
- Mejora el nivel de colesterol.
- Ayuda a adelgazar
- Ayuda en la prevención de la artritis reumatoide.

Dieta baja en carbohidratos

Con la publicidad de la dieta de Atkins, las dietas bajas en carbohidratos son las estrellas en estos últimos años. La reducción de peso se ha convertido en el objetivo de todos y buscan opciones rápidas y sencillas para adelgazar. En algunos casos, las personas que no necesitan bajar de peso se estresan demasiado cuando aumentan algunos gramos. En algunos otros casos, las personas pueden tener que perder peso para resolver complicaciones médicas y pueden poseer más de 50kg. de los que necesitan deshacerse.

Hay varios planes de dieta diferentes y disponibles, incluidas las dietas bajas en carbohidratos y, sinceramente, todos tendrán éxito en la pérdida de peso siempre que se sigan estrictamente. Esto no implica necesariamente que uno deba seguir los requisitos de la dieta todos y cada uno de los segundos del día. El punto esencial es alejarse de las ocasiones en las que se da un festín y se deleita con alimentos que están prohibidos en su plan de dieta. Si puede lograr esto y seguir el plan de dieta sin mucha dificultad, saldrá exitoso. Casi todo el mundo tiene uno de estos días; el desafío radica en dejarlos ir y tomarlos como otro paso exitoso en el camino hacia la reducción de peso permanente.

Es importante adoptar un plan de dieta que le resulte fácil de seguir. La dieta baja en carbohidratos es la opción de dieta más popular ya que sus reglas son bastante simples. Como sugiere el título, implica una ingesta limitada de alimentos ricos en carbohidratos. Esto incluye pasta, pan, cereales, arroz y patatas. La ingesta de azúcar también representa el consumo de carbohidratos. Es fácil evitar estos alimentos ricos en carbohidratos una vez que se comprende su composición.

El principal punto de crítica cuando se trata de una dieta baja en carbohidratos es que quienes hacen dieta obtienen la mayor parte de sus calorías de los lácteos, la carne y otras sustancias ricas en grasas. Esto puede provocar un aumento de los niveles de colesterol y otros problemas que surgen debido al alto consumo de grasas saturadas. Se recomienda que consulte con su médico antes de adoptar un plan de dieta de este tipo. En algunos casos, la reducción de peso es buena en las primeras etapas, pero la mayoría de las personas tienden a desviarse debido a las altas restricciones.

El problema común al que se enfrentan las personas que siguen dietas bajas en carbohidratos es la ausencia de pasta y pan. ¡No más espaguetis, pizza o tostadas! La mayoría de las comidas que son rápidas y fáciles de preparar giran en torno a los carbohidratos: bollos de hamburguesa, sándwiches, papas fritas y pasta. La cerveza, incluidas otras formas de alcohol, tiene un alto contenido de carbohidratos. Generalmente, el alcohol está restringido en todos los planes de dieta, pero las dietas bajas en carbohidratos enfatizan en este punto particularmente, ya que son altas en calorías y bajas en nutrición.

Todavía hay varios alimentos que pueden disfrutarse incluso cuando uno está en una dieta baja en carbohidratos. Los amantes de la carne pueden aprovechar la oportunidad de consumir pollo, ternera y otros productos avícolas. La popularidad y el efecto de estas dietas se indican por el tiempo que permanecen en la lista de los más vendidos. Pero al final, depende completamente de lo que más le convenga. Sin embargo, los planes de dieta baja en carbohidratos parecen funcionar para la mayoría de las personas.

Productos lácteos: ¿buenos o malos?

Según una creencia popular occidental, los productos lácteos están excluidos de la dieta de las personas en la mayor parte del mundo. Los estadounidenses, que incluyen muchos productos lácteos en su dieta, se preguntan si hay algo sobre los productos lácteos que otros conocen y ellos no.

Los productos lácteos no son esenciales para el mantenimiento de una buena salud. Según la dieta milagrosa del pH, es dañino para el organismo, por lo que omite los alimentos acidificantes, como los productos lácteos, de su lista de alimentos aceptables. Al hacerlo, previene la obesidad y los trastornos médicos que la obesidad trae consigo.

Peligros de los productos lácteos

Varias personas creen firmemente que la ingesta de productos lácteos, incluida la leche, fortalece los huesos y mejora la salud. De hecho, los productos lácteos contienen una gran cantidad de grasas y proteínas, que producen enormes cantidades de ácido en el organismo. La leche de vaca forma más ácido que la leche de cabra, que tiene menores cantidades de grasas y proteínas. Entre los productos lácteos, la mantequilla clarificada es el único elemento que no produce ácidos gracias a la cadena corta de grasas que contiene.

Además, los productos lácteos no son puros. La industria láctea, para obtener ganancias, ha creado una imagen de la leche no solo como segura, sino también como esencial para el mantenimiento de la salud. La vaca promedio de hace cincuenta años podía producir 1mil litros de leche al año. La vaca promedio de hoy, por el contrario, produce 25mil litros de leche al año. Considere la cantidad de medicamentos, hormonas, antibióticos, alimentación forzada y cría especializada que es responsable de tal producción masiva de leche. También considere el hecho de que todos estos aditivos ingresan a su cuerpo cada vez que bebe leche.

Manejo de los desafíos de hacer dieta

La mayoría de las personas que hacen dieta para perder el exceso de peso afirman que hacen dieta con el propósito de mantener una buena salud. En realidad, muchas personas hacen dieta simplemente porque quieren perder peso y verse bien; la salud no es su principal preocupación. La pérdida de peso es una muy buena razón para realizar todos esos cambios saludables en el estilo de vida. Es el mejor factor de motivación que nos ayuda a mantener una dieta y un régimen de ejercicio.

Hacer dieta no está exenta de desafíos. A continuación, se ofrecen algunos consejos que le ayudarán a afrontar los desafíos de la dieta.

Coma alimentos ricos en fibra

Las personas que se adhieren estrictamente a una dieta particular para perder peso a menudo se quejan de punzadas de hambre. Podría modificar ligeramente su programa de dieta si este es el caso incluye más alimentos ricos en fibra, como cereales integrales, peras, manzanas, habas y cereales para el desayuno.

Aumentar la ingesta de líquidos

Beber mucha agua mientras hace dieta le dará una sensación de saciedad. El agua sirve a su cuerpo de manera positiva. Entrega nutrientes a diferentes partes de su cuerpo y regula el metabolismo, factor que es de suma importancia en el proceso de adelgazamiento y dieta. Además, el agua ayuda a que su piel retenga su cualidad elástica, lo que evita que se arrugue una vez que haya perdido mucho peso.

Coma porciones más pequeñas

En el mundo moderno, ya nadie sabe qué significa una porción del tamaño adecuado. Si va a un restaurante, la comida que se pide para uno suele ser más que suficiente para dos, incluso sin ensaladas, aperitivos, sopas y postres. En otras palabras, las porciones son enormes, más de lo que requiere el cuerpo humano.

Aprenda a comer porciones más pequeñas. Puede consumir más alimentos bajos en calorías, como verduras, y alimentos menos ricos en calorías, como los fritos.

Sea flexible

No sea severo e inflexible al hacer dieta. Mientras hace dieta, está haciendo grandes cambios en la ingesta de calorías de su cuerpo. Si la dieta se lleva al extremo, podría terminar con una serie de problemas de salud. Así que concéntrate en reducir solo unas pocas calorías a la vez. Realice los cambios lentamente en lugar de intentar obtener resultados lo más rápido posible.

Hacer ejercicio a menudo

Hacer dieta no es la única práctica que le ayudará a perder peso. Agregue una generosa dosis de actividad física a su plan de dieta. Incluso si trabaja en su jardín con regularidad, quemará calorías adicionales. Jugar con sus hijos, limpiar su casa, dar un paseo, etc., son actividades que pueden ayudarlo a perder peso.

Estacione su automóvil a una pequeña distancia de su lugar de trabajo para que tenga que caminar hacia él. Suba las escaleras en lugar de tomar el ascensor. Cosas simples como estas realmente lo ayudan a perder varios kilos no deseados.

No es necesario hacer una serie de sacrificios para lograr el éxito con la dieta. Sin embargo, si desea perder más de unos pocos kilos, o si desea resultados a largo plazo, debe trabajar más duro que nunca y hacer grandes cambios en su estilo de vida. Además, debe tener en cuenta los efectos que podría tener en su salud perder mucho peso. Tómelo con calma y mantén la calma sobre todo el proceso de pérdida de peso a través de la dieta.

¿Puede Alli ayudarlo a perder peso?

¿Qué es Alli? Alli es una versión de venta libre de 60 miligramos de orlistat (Xenical), un medicamento recetado de 120 miligramos. Tanto Alli como Xenical están destinados a ser utilizados como parte de un plan para bajar de peso que incluye una dieta baja en calorías y grasas, y actividad física habitual.

¿Alli realmente puede ayudarte a perder peso? Se puede decir con seguridad que sí; sin embargo, la forma más veraz de decirlo sería "sí, pero la historia de Alli tiene otro lado".

Orlistat, también conocido como Xenical, es lo que comúnmente se conoce como alli. Si desea consultar sobre él en una tienda médica, pronúncielo como "aliado", no como "callejón".

Alli funciona bloqueando la grasa. Previene la absorción de grasa dentro del cuerpo. Es una de las píldoras para adelgazar aprobadas por la FDA disponibles de venta libre en el mercado.

No tenga la idea errónea de que puede comer una dieta alta en grasas y luego tragar Alli para evitar que su cuerpo absorba toda esa grasa. Alli no funcionará así. Alli debe usarse solo cuando lo prescriba un médico, e incluso en ese caso, solo con una dieta baja en grasas.

Ventajas de Alli

Según un estudio, alrededor del 35,5 al 54,8 por ciento de los sujetos perdieron un cinco por ciento o un poco más. Sin embargo, no se puede decir claramente si esta pérdida de peso se debió a la pérdida de grasa o de algún otro componente del cuerpo. Alrededor del 16,4 al 24,8 por ciento de los sujetos lograron una disminución del diez por ciento o un poco más. Después de que dejaron de tomar Alli, los participantes de este estudio recuperaron un tercio del peso que habían perdido; sin embargo, esto es común con todas las personas que hacen dieta.

La pérdida de peso causada por Alli varía de un individuo a otro. Los efectos de Alli, cuando se toma con una dieta baja en grasas y calorías, son mayores. Tomar Alli también reduce el riesgo de contraer diabetes tipo 2.

Desventajas de Alli

La siguiente advertencia se puede encontrar en el sitio web de los fabricantes de Alli: "Muchos sienten un deseo urgente de ir al baño. Hasta que su cuerpo se adapte a los efectos de Alli, use pantalones oscuros en el trabajo o lleve una muda de ropa"

A pesar de sus beneficios, tomar Alli no está exento de desventajas. Podría terminar con problemas intestinales y digestivos. Tomar una dieta alta en grasas junto con Alli aumenta la intensidad de estos efectos secundarios porque el cuerpo intenta expulsar todas las grasas no digeridas. Los resultados podrían ser heces blandas, incontinencia intestinal y flatulencia, y estos efectos secundarios serán más intensos durante las primeras fases del tratamiento cuando su cuerpo está tratando de acostumbrarse a los efectos del medicamento.

Los efectos secundarios de tomar Alli serán menores si adopta una dieta baja en grasas. Como lo insinuaron los fabricantes, los efectos secundarios del medicamento también podrían motivarlo a seguir una dieta baja en grasas.

Alli no es mágico

Mientras toma Alli, recuerde que no es una píldora mágica para bajar de peso. No funcionará por sí solo. Sólo funciona si se esfuerza mucho por perder peso.

Se cree que tomar Alli le ayuda a perder un cincuenta por ciento más de peso del que perdería sin él. Por ejemplo, tomarlo le ayudará a perder 7,5kg., mientras que si sigue su régimen de dieta y ejercicio sin tomarlo sólo perderá 5kg. Por lo tanto, le ayuda a perder más peso del que perdería sin tomarlo. Es importante tener en cuenta que los efectos de tomar Alli varían de un individuo a otro.

Desafortunadamente, las píldoras mágicas para bajar de peso que le harán adelgazar mientras duerme simplemente no están disponibles. Alli es solo una pastilla para bajar de peso que ha tenido resultados.

Comer sano con un presupuesto ajustado

¿Siente que el precio de los alimentos saludables es demasiado alto para su presupuesto? A continuación, presentamos algunos consejos que le ayudarán a comprar alimentos saludables dentro de su presupuesto.

Compra solo

Es posible que hayas notado que, si vas a comprar comida con sus hijos y, a veces, con su cónyuge, termina comprando mucha comida chatarra. Compre solo para evitar esto. Además, asegúrese de ser el único de la familia que compra alimentos.

Evite los refrescos

En lugar de comprar refrescos, tome agua, o prepare sus propios jugos con frutas.

Compre frutas de su temporada

Durante sus respectivas temporadas, compre frutas en grandes cantidades y congele lo que sobra. Lave la fruta, deseche los trozos en mal estado, seque la fruta y congélela en enormes bolsas de plástico con cremallera. Puede utilizar los extras congelados cuando la temporada haya llegado a su fin.

Compre mucha carne y frijoles

Comer muchos frijoles y carne es absolutamente necesario por las proteínas que contienen. La carne magra es cara, mientras que las carnes grasas son económicas. Puede comprar frijoles enlatados para obtener mucha proteína a bajo costo.

Los frijoles también pueden servir como sustituto de la carne. Vienen en varias variedades y puede preparar un delicioso plato de frijoles en una olla de barro para que esté listo para el consumo cuando regrese a casa del trabajo.

Según el USDA, debe comer al menos cuatro porciones de frijoles por semana. Si comer demasiados frijoles le causa problemas de gases, pruebe este método: lave los frijoles, cúbralos con agua, hierva el agua junto con los frijoles, escurra el agua y luego vuelva a llenar la olla.

Incluya pescado en su dieta

Si reside en una de las ciudades costeras, podría hacer que el pescado sea una parte importante de su dieta. Pesca de ríos o lagos. Esto asegurará que obtenga muchos peces de forma gratuita y también se divierta.

Usar mantequilla de maní

Usar mantequilla de maní no sobrecarga su presupuesto en lo más mínimo. Además, a casi todo el mundo le encanta la mantequilla de maní. En lugar de destrozar su cuerpo con perros calientes, podría comer sándwiches de mantequilla de maní. No es necesario que ponga mantequilla de maní en el refrigerador, y los frascos más grandes pueden durar semanas.

Coma alimentos ricos en agua

Comer alimentos ricos en agua, como ensaladas, sandía, así como gelatina sin azúcar, es muy beneficioso para la salud.

No puede cometer errores acerca de comer alimentos saludables. Ni siquiera tiene que gastar más en alimentos saludables. Descubrirá que no tiene que gastar una gran cantidad de dinero para obtener ese cuerpo delgado y saludable que siempre ha deseado.

Comer sano al salir a comer

Si está cuidando su peso, debe tener cuidado con su ingesta de calorías, especialmente cuando va a un restaurante. A continuación, se ofrecen algunos consejos sobre cómo controlar sus calorías cuando come en un restaurante.

Ordene las salsas y aderezos por separado para que pueda controlar la cantidad que entra en sus comidas.

Solicite que las verduras o pescados a la plancha que ha pedido se preparen sin aceite ni mantequilla o con muy poca cantidad.

Asegúrese de obtener una salsa a base de tomate en lugar de una salsa a base de crema cada vez que pida pastas. Las salsas de tomate no contienen tantas calorías como las salsas de crema y, además, podrías considerar la salsa de tomate como una verdura.

No ingiera bebidas alcohólicas ni gaseosas. En su lugar, pida refrescos dietéticos, agua o té.

Comparta su postre con un amigo. De esta forma puede reducir a la mitad la cantidad de calorías que consume.

Tenga cuidado de no pedir una sopa a base de crema, porque la cantidad de calorías en tales sopas es mayor. Las sopas son excelentes aperitivos y tienen pocas calorías. Además, le llenan rápidamente.

Si ha pedido papa al horno, solicite salsa en lugar de tocino, crema agria, queso o mantequilla. La salsa tiene un bajo contenido calórico. Además, es un alimento saludable con un maravilloso sabor picante.

No continúe comiendo incluso cuando haya comido lo suficiente. Cultive el hábito de escuchar su cuerpo.

Si se siente satisfecho entre una comida y otra, empaque lo que quede. Puedes comer el resto cuando tengas hambre más tarde. De esta forma, podrás disfrutar de dos comidas al precio de una sola.

Si desea comer menos, pida una ensalada y un aperitivo o un par de aperitivos como su comida.

En lugar de pedir papas fritas como guarnición, pida una papa al horno o verduras al vapor.

Ordene solo aquellos alimentos que estén horneados, escalfados, asados o al vapor. Estos métodos de cocción no utilizan mucho aceite y, por lo tanto, tienen un bajo recuento de calorías.

Los panecillos o el pan simples son bajos en calorías y en grasa. Le agrega calorías y grasa cuando lo unta con mantequilla o aceite.

Pida platos ricos en verduras y frutas porque son buenas fuentes de fibra, minerales y vitaminas.

Ordene comidas integrales, como arroz integral o pan integral.

Si necesita un postre, pida algo que contenga menos grasa, como frutas o bayas.

Mientras cuenta las calorías, no se castigue por no tomar la comida que realmente ama. Una dieta equilibrada no excluye ningún tipo de alimento.

Secretos para una rápida pérdida de peso

El aumento de peso afecta a las personas de varias maneras. Además de arruinar la apariencia, el exceso de peso puede disminuir su calidad de vida y su autoestima, lo que, a su vez, conduce a problemas como trastornos coronarios, diabetes, depresión, etc.

Se pueden observar varios cambios positivos en una persona que ha perdido peso. No es de extrañar, entonces, que varias personas estén buscando métodos para perder peso rápidamente y lograr un cuerpo delgado que pueda llamar la atención.

Si tiene sobrepeso, lo primero que debe hacer es visitar a su médico de familia y determinar cuál es el mejor programa de pérdida de peso para usted. Su médico elaborará un plan muy bueno para usted después de realizar un examen físico completo.

Para perder peso rápidamente, debe tener en cuenta cuatro factores, a saber, los alimentos que ingiere, la forma en que los ingiere, su comportamiento y el nivel de actividad física.

Aquí hay algunos consejos que transformarán la vida de una persona con sobrepeso:

Por lo general, un programa de pérdida de peso incluye estado mental, actividad física, dieta y, en algunos casos, suplementos. Adopte una dieta con la que se sienta cómodo. Realice ejercicios de forma regular. Si odia los ejercicios, intente por lo menos unos minutos de caminar, correr, trotar, nadar, bailar o cualquier otra actividad similar.

Ser realista. Seguir un plan de dieta requiere mucha fuerza de voluntad y perseverancia. No pierdas la motivación y se rinda. Una persona con sobrepeso que ha adoptado una dieta y un régimen de ejercicio nunca se sentirá decepcionada siempre que ejerza suficiente autodisciplina y se ciña al plan.

Aprenda a comprender el lenguaje de su cuerpo. Todo el mundo tiene una tasa de metabolismo diferente, que muestra una variedad de respuestas a los cambios en la dieta y el estilo de vida. Cambie su programa de ejercicio y dieta de acuerdo con la respuesta de su cuerpo. Su plan de ejercicios debe adaptarse a las necesidades de su cuerpo. Por ejemplo, no todo el mundo puede hacer ejercicios pesados. Si no puede soportar cualquier otro ejercicio excepto caminar, entonces caminar es el mejor ejercicio para usted. Apunta a desarrollar algunos músculos; también le hará lucir genial.

Consuma una dieta rica en fibra. Evita sentir hambre con frecuencia y permanece en el estómago durante más tiempo, lo que reduce la velocidad a la que el cuerpo digiere los alimentos. Tome una porción de pan integral al día. Los cereales integrales se convierten en azúcar en la sangre, lo que aumenta el nivel de insulina en el cuerpo. El cuerpo se vuelve enérgico y comienza a quemar grasa o almacenarla.

Evite los alimentos fritos; especialmente los alimentos fritos contienen mucha grasa. Aquellos que siguen una dieta estricta pueden optar por alimentos a la parrilla porque este tipo de alimentos no tienen tanta grasa después de cocinarlos.

Beba muchos jugos y agua. Al menos 6-8 vasos de agua todos los días es imprescindible. El agua mantiene el cuerpo hidratado y fresco. También elimina los desechos más rápido y mantiene el cuerpo en un peso normal.

Para perder peso rápidamente, necesita mucha perseverancia, fuerza de voluntad y autodisciplina. Perderá mucho peso si sigue una dieta baja en calorías cómoda y un lugar para hacer ejercicio, además de ciertos suplementos.

No se apresure a adoptar una dieta pesada y un plan de ejercicio que le obligue a darse por vencido casi antes de empezar. Si hace esto, podría terminar ganando más peso del que tenía antes de comenzar el programa.

Extracto de Garcinia Cambogia: un suplemento natural para la pérdida de peso

La popularidad del extracto de Garcinia cambogia como suplemento natural para bajar de peso está aumentando en todo Occidente. Varios estudios revelan que, de hecho, ayuda a las personas a perder peso. Aunque la evidencia aún es insuficiente, varias personas afirman haberse beneficiado de ella.

¿Qué es?

Garcinia cambogia es una fruta tropical india y africana. Pertenece a la familia de los cítricos, a la que también pertenecen los limones y las naranjas. No se puede comer por su sabor excesivamente agrio, pero los indios usan la corteza para cocinar. Se cree que el ácido hidroxicítrico, la sustancia extraída de esta fruta, actúa como un suplemento para adelgazar.

¿Cómo funciona?

El ácido hidroxicítrico no estimula el cerebro, como lo hace el café, ni suprime el apetito. Tanto los estimulantes como los supresores del apetito actúan sobre los centros nerviosos del cerebro, dando lugar a una serie de efectos secundarios, entre los que se incluye el deseo de comer cada vez que deja de tomarlos. HCA, por otro lado, le da al cuerpo energía extra y mejora el sistema de señalización del cuerpo, por medio del cual el cuerpo informa al cerebro que está lleno. Este sistema de señalización es un poco aburrido en las personas obesas, por lo que comen más de lo necesario.

¿Cuándo no debería tomarlo?

El extracto de Garcinia cambogia de HCA funciona mejor cuando se combina con cromo, una sustancia que se utiliza para regular el nivel de azúcar en sangre. La dieta occidental carece de cromo y la deficiencia de cromo podría provocar obesidad y diabetes. Recuerde que, si ya tiene diabetes, debe consultar a su médico antes de tomar cualquier cromo.

Las mujeres embarazadas o en período de lactancia deben tener cuidado al tomar HCA.

Antes de dárselo a un niño obeso, hable con un médico. Los cítricos agravan la artritis y la migraña, y si padece alguno de esos trastornos, es mejor que no tome HCA.

¿Quién puede tomarlo?

HCA es el mejor suplemento para bajar de peso para quienes comen para satisfacer sus necesidades emocionales, es decir, cuando están molestos o ansiosos. Esto se debe a que el HCA tiene el mismo efecto en esas personas que los alimentos.

No es necesario que tome ninguna "dieta especial" cuando esté tomando HCA. Simplemente coma de manera saludable y podrá perder peso de manera lenta y constante sin tener que luchar realmente por ello. Tome porciones más pequeñas de comida sin pasar hambre y sustituya los bocadillos dulces o fritos por bocadillos saludables de frutas y nueces. Es el mejor y más natural método para adelgazar.

Varios laboratorios de investigación han realizado una serie de pruebas con HCA, más que con cualquier otro producto para bajar de peso. HCA no tiene efectos secundarios. Puedes comprarlo en línea. Búsqueda simple de extracto de garcinia cambogia o ácido hidroxicítrico.

Plan de adelgazamiento con té verde

El té verde es una ayuda económica para bajar de peso, razón por la cual muchas personas se sienten atraídas por él. Se puede implementar fácilmente en cualquier plan de dieta para bajar de peso. Puede beber té verde de la misma manera que bebe cualquier otro té. No agregue ningún edulcorante ni leche. Compre un extracto de té verde si el sabor no le atrae.

¿Cómo funciona?

Los estudios han revelado que el té verde reduce el peso corporal al estimular el proceso de termogénesis del cuerpo mediante el cual se gasta energía y se oxida la grasa. Muchos componentes de origen vegetal tienen el mismo efecto en el cuerpo humano.

Hay dos formas de perder peso: comer menos o ingerir menos calorías y consumir energía o quemar más calorías. El té verde funciona consumiendo energía, hasta un cuatro por ciento. Los científicos han atribuido esto a los altos niveles de catequina disponibles en este té.

¿Cuáles son sus beneficios?

El té verde es especial porque no aumenta la frecuencia cardíaca y, por esta razón, es más seguro que la mayoría de las píldoras para bajar de peso, como la efedrina, que también funciona mediante el mismo procedimiento.

Además, el té verde contiene una serie de antioxidantes que son muy buenos para la salud porque no solo fortalecen su sistema inmunológico, sino que también protegen su cuerpo contra enfermedades.

¿Quién puede tomarlo?

La mayoría de las personas con sobrepeso corren el riesgo de desarrollar hipertensión arterial o trastornos coronarios. La mayoría de las veces, ya tienen estos problemas de salud. A diferencia de la efedrina, el té verde es el mejor para estas personas porque no causa tensión en el corazón. Pueden aumentar lentamente la intensidad de su régimen de ejercicio sin preocuparse por los efectos del mismo en su corazón.

¿Cómo puede utilizarlo?

El té verde contiene cafeína, así que absténgase de tomar café o cualquier otra forma de té si está tomando té verde. No tome té verde descafeinado. Los procesos químicos utilizados para descafeinar el té verde también destruyen sus otros potenciales.

Tomar té verde no significa que pueda comer todo lo que quiera. Si come más, ganará tantas calorías como quema el té, lo que puede no resultar en ninguna pérdida de peso.

Cumplir con su ingesta actual de calorías junto con la ingesta de té verde debería ayudarlo a perder peso de manera lenta y constante. Como beneficio adicional, también obtendrás energía extra. Puede perder peso más rápido si ingiere menos calorías y hace más ejercicio.

El té verde es, por tanto, sencillo y económico. Como ayuda para bajar de peso, se puede incluir en cualquier programa de adelgazamiento. Si está buscando una pérdida de peso a largo plazo, recuerde tomar té verde.

Perder peso a través del hipnotismo

El control del peso se vuelve cada vez más importante a medida que envejece. Mantener un peso corporal normal es la única manera de mantener a raya los trastornos de salud relacionados con el peso.

Si tiene 10kg. o más de sobrepeso, corre el riesgo de contraer una serie de trastornos como diabetes, enfermedades coronarias, apnea obstructiva del sueño, hipertensión, cáncer de endometrio y cáncer de mama. Las personas con sobrepeso suelen ser reacias a la actividad física, por lo que pagan muy caro en forma de estos trastornos.

Si tiene sobrepeso y, al mismo tiempo, lleva una vida sedentaria, corre un mayor riesgo de sufrir trastornos coronarios y una serie de otros problemas. Si además de tener sobrepeso, también tiene el colesterol alto, terminará con todo tipo de complicaciones de salud.

Incluso si logra perder un poco de peso, su salud mejorará enormemente. Si pierde un diez por ciento de peso corporal, puede reducir las posibilidades de hipertensión, niveles altos de azúcar en sangre, colesterol alto, etc.

El mundo moderno ofrece una miríada de métodos para que las personas pierdan peso de manera efectiva. La pérdida de peso mediante la hipnosis ha ganado popularidad en los últimos años.

Sin embargo, la gente tiene una serie de conceptos erróneos sobre el hipnotismo. Este método no incluye el uso de ningún fármaco, lo que lleva a la gente a pensar que es una forma segura de adelgazar.

Algunos hechos sobre el hipnotismo

Antes de comenzar a bajar de peso a través de la hipnosis, debe conocer los siguientes hechos al respecto.

La hipnosis puede ser peligrosa si la realizan aficionados o personas que carecen de las calificaciones adecuadas para practicarla. Mucha gente siente que la hipnosis es bastante segura porque no hay drogas involucradas en ella; sin embargo, es importante que acuda a un hipnotizador certificado, no a una persona inexperta que solo lo practica por diversión o por dinero.

La hipnosis, por sí sola, no puede quemar el exceso de grasa. En otras palabras, no es una terapia mágica para bajar de peso que puede ayudarlo a perder peso durante la noche. Los expertos en salud opinan que es beneficioso solo como parte de un plan de pérdida de peso integrado. Cuando se usa como la única técnica de pérdida de peso, no tiene absolutamente ningún efecto.

No perderá peso con una sola sesión con su hipnotizador. Si quieres perder peso más rápido, pruebe el hipnotismo con psicoterapia. Si bien el hipnotismo es una técnica de relajación que lo hace más abierto a las sugerencias positivas, la psicoterapia llega a las raíces mismas de las razones psicológicas del sobrepeso.

¿Cómo funciona el hipnotismo?

A través de la hipnosis, puede conectarse al nivel subliminal de su mente. Cuando está en un trance hipnótico, responde más a la sugestión porque el hipnotismo lo pone en un estado de intensa relajación y concentración mental. Esto no significa que un hipnotizador tenga el control total de la mente de la persona o que pueda "reprogramar" la mente del sujeto.

El hipnotismo no tiene nada de paranormal o mágico. Es solo un estado intenso de relajación y concentración en el que la persona se vuelve más receptiva a las sugerencias.

En pocas palabras, las personas con sobrepeso que quieran probar el hipnotismo deben darse cuenta de que el hipnotismo no es una forma mágica de perder peso. Nunca podrá tener éxito como método único para perder peso. Solo puede mejorar la efectividad de otras técnicas de pérdida de peso como la dieta y el ejercicio.

No hace falta decir que debe usarse en combinación con un programa de pérdida de peso probado en el tiempo. Esta es la única forma en que las personas pueden perder más peso a través del hipnotismo. La relajación y las sugerencias positivas que reciben en una sesión de hipnotismo tienen un papel muy importante que desempeñar. Una mente sana, después de todo, conduce a un cuerpo sano.

15 claves para una rápida pérdida de peso

¿Quién no quiere perder peso lo más rápido posible? Aquí hay quince secretos para perder al menos 5kg. no deseados, rápido y fácilmente. No tienes que torturarte con dietas imposibles. Tenga cuidado con lo que come, llene su refrigerador con refrigerios frescos y saludables, coma muchas verduras y manténgase satisfecho con las frutas.

Las siguientes pautas simples lo ayudarán a perder 5kg. de exceso de peso. Si ya está siguiendo un plan de pérdida de peso, lo ayudarán a lograr el éxito más rápido. Puede utilizar este plan flexible y equilibrado, compuesto por quince teclas, en cualquier momento que desee.

Tome nota de todo lo que bebe y come. No tienes que calcular las calorías. Simplemente escriba lo que tome durante el día. El simple hecho de conocer sus hábitos alimentarios lo ayudará a planificar comidas más saludables.

Reduzca el uso de todas las grasas a la mitad. Esto significa que debe untar solo la mitad de la cantidad habitual de mantequilla que unta en sus tostadas, pan, papas o muffins; la mitad de la cantidad habitual de salsa o mayonesa en sus ensaladas; y la mitad de la cantidad habitual de aceite en su sartén cada vez que frite algo.

Coma platos dulces solo tres veces por semana. Los productos dulces incluyen postres, chocolate, pasteles, galletas, helados, pasteles, etc.

Incluya en su dieta fuentes de proteínas bajas en grasa, como pollo, frijoles, yogur bajo en grasa, pescado, requesón, etc. No coma huevos, carnes rojas ni nueces todos los días, sino solo como bocadillos ocasionales.

Coma al menos una comida vegetariana pura y sin queso por semana. Cree comidas emocionantes con granos integrales, frijoles y verduras para reducir la grasa y aumentar la fibra en su dieta.

Evite beber leche con alto contenido de grasa. En lugar de leche entera, compre leche con dos por ciento de grasa. Posteriormente puede reemplazarlo con leche que contenga solo un uno por ciento de grasa. Incluya yogur y queso bajos en grasa en su dieta. Asegúrese de comprar yogur sin azúcar.

Tome un par de porciones de fruta todos los días. Puede tomar frutas como bocadillos o postres.

Compre fruta en su temporada.

Evite los refrescos, las bebidas lácteas, los jugos y las bebidas alcohólicas; en su lugar, beba mucha agua. No beba refrescos dietéticos porque su sabor dulce le hace desear más azúcar. Tomar un vaso de agua tibia con un poco de jugo de limón puede refrescarlo temprano en la mañana.

Tome un par de porciones de verduras en la cena y el almuerzo. Si tiene hambre, coma más verduras.

Reduzca la velocidad para comer. La señal del cuerpo al cerebro de que estás lleno es relativamente lenta y, si comes demasiado rápido, termina comiendo más de lo necesario.

La zanahoria rallada es un gran bocadillo. Uno de los hechos más extraños sobre la zanahoria es que una sola zanahoria rallada llena más que una sola zanahoria entera.

Coma granos integrales tanto como sea posible. Los alimentos ricos en fibra le harán sentir lleno y también le ayudarán a digerir mejor su comida.

Mastique la comida. Consumirá más fibra de esa manera. Además, masticar alimentos puede resultar muy satisfactorio. Por ejemplo, puede comer fruta en lugar de beber su jugo. Asegúrese de que la sopa que prepare tenga mucho que masticar.

Planifique sus comidas con mucha anticipación. Esto significa que también ha planificado sus compras con mucha antelación. Planificar con anticipación le impide agarrar cualquier cosa y comerla cuando tenga hambre. El "cualquier cosa" que tome puede resultar ser un plato alto en calorías.

Nunca mire televisión mientras come. Según estudios, las personas comen más cuando ven televisión porque desconocen la cantidad que comen. Ni siquiera disfrute de un refrigerio mientras mira la televisión.

Si sigue estas simples reglas, pronto se convertirá en una versión más delgada y saludable de lo que es ahora.

Capítulo 4
Cómo perder 5 kg.
de manera efectiva

Aunque algunas personas se enfrentan a problemas de peso más graves, la mayoría de las personas que quieren perder un poco de peso están relativamente sanas. Si desea perder 5 kg, existe una buena posibilidad de que esos kilos se hayan ganado muy lentamente en el transcurso de muchos meses; el peso no representa un problema tanto como algunas veces durante el año pasado en las que consumió en exceso (generalmente en vacaciones) y no pudo compensarlo. Aquí tienes algunos consejos para perder ese peso de más:

Elija su tiempo

La pérdida de peso implica problemas muy personales para la mayoría de las personas y está estrechamente relacionada con su autoestima. Es fundamental que intente perder el peso en el momento adecuado, en un momento en el que se sienta bien y satisfecho con su vida. Si intenta perder kilos durante un período de tiempo en su vida en el que tiene mucho estrés u otras cosas que lo distraen, aumenta drásticamente sus posibilidades de fracaso, lo que solo empeorará las cosas.

Cambie su dieta

Intente tanto como sea posible para equilibrar su dieta. Esto no significa que tenga que morirse de hambre, más bien asegúrate de no obtener más del 30% de tus calorías de la grasa. Coma más frutas y verduras y trate de agregar tanta variedad a su dieta como sea posible. Pruebe cosas nuevas y nuevas ideas para comidas.

Realizar un seguimiento de su progreso

El problema con la dieta para muchas personas, especialmente en las primeras etapas, es que incluso si la dieta está funcionando, no pueden ver ningún resultado. Es difícil darse cuenta si pierde 500 gr. Por esta razón, es importante que realice un seguimiento de su progreso, para que pueda tener una buena idea de los resultados que ha logrado. Al calcular cuántas calorías ha ingerido y cuánto ha quemado con el ejercicio todos los días, puede realizar un seguimiento de cuántas calorías (y, en última instancia, cuánto peso) está perdiendo.

Hágalo con amigos

Una manera excelente y divertida de ayudarlo a cumplir con su plan es emprender su proyecto de perder peso con un amigo. No solo podrán apoyarse mutuamente y seguir el progreso de los demás, sino que también podrán participar en divertidas actividades de ejercicio juntos.

Haga su plan realista

Es importante que se establezca metas alcanzables. Por ejemplo, con solo algunos cambios básicos en su estilo de vida y hábitos alimenticios, puede perder 500gr por semana. No hay necesidad de tener una gran prisa por perder peso, y tratar de perderlo rápidamente a menudo requiere un régimen que es difícil de mantener. Para la mayoría de las personas, es más saludable hacerlo lentamente que con cambios drásticos en la dieta.

A muchas personas les gustaría perder 5 kg y casi cualquier persona puede hacerlo si sigue los consejos anteriores. Al evitar una "solución rápida" y seguir con opciones saludables a largo plazo, encontrará que su proyecto de adelgazar lo dejará no solo más delgado, sino más saludable y sintiéndose mejor consigo mismo.

Dieta

Probablemente todos nos hemos encontrado, en un momento u otro de nuestras vidas, deseando perder algo de peso. Ya sea que esté tratando de quitarse algunos kilos que ganó durante la temporada navideña, preparándose para un viaje de verano o simplemente buscando una manera de sentirse más en forma y saludable, tratar de perder peso cada tanto es una mala idea.

Este es el punto de partida más obvio, pero uno que comúnmente se pasa por alto. La mayoría de las personas, cuando intentan perder kilos, piensan en cosas como eliminar la comida chatarra y evitar los bocadillos. Si bien esto es sin duda importante, no es necesario que se muera de hambre si está buscando perder peso.

Las cosas más importantes a considerar en términos de su dieta son el equilibrio y la proporción. Si quiere perder 5kg para siempre, tendrá que pensar en términos de sus hábitos alimenticios generales. Al cambiar sus hábitos alimenticios para mejorar permanentemente, el peso que pierde se mantendrá perdido.

Su ingesta diaria de alimentos debe incluir una proporción bien equilibrada de proteínas, carbohidratos y verduras. La variedad es la clave para esto. Pregúntese: ¿puede nombrar más de 3 verduras que come con regularidad y disfruta? O más en general: ¿cuántas "comidas" diferentes se prepara durante una semana normal? La mayoría de las personas al responder estas preguntas se darán cuenta de que no hay tanta variedad en su dieta como podrían pensar.

Cuando intente perder esos kilos, también debe intentar estar en sintonía con su cuerpo tanto como sea posible. Probablemente no se dé cuenta, a menos que lo piense, de lo poco que se adhiere a las necesidades de su cuerpo. La mayoría de las personas comen aproximadamente la misma cantidad a la misma hora todos los días. Si bien esto es conveniente, no necesariamente se sincroniza con lo que necesita. Pregúntese: ¿siempre tiene hambre cuando come? ¿Deja de comer cuando está lleno o come todo lo que has hecho?

Estos simples cambios en los hábitos alimenticios pueden hacer maravillas y hacer que su objetivo de perder rollitos sea menos abrumador de lo que probablemente parece.

Cuando se busca perder peso, es importante comprender que sus hábitos alimenticios son solo eso: hábitos. En otras palabras, probablemente no solo hay muchas cosas que come en las que no piensa mucho, sino también muchas formas en las que están y en las que no piensa. Al cambiar sus hábitos alimenticios, no solo perderá peso, sino que también podrá mantenerlo.

Antes de considerar dietas específicas para perder 5kg, piense en sus rutinas alimenticias. Es importante comer una amplia variedad de alimentos y en proporción. Una señal segura de que necesita incorporar más variedad y equilibrio en ella es si solo puede pensar en algunas "comidas estándar" que cocina usted mismo, o si solo puede nombrar algunas verduras que le gustan. Agregar más variedad a su dieta no solo lo ayudará a perder esos kilos, sino que también le brindará la oportunidad de ampliar la variedad de comidas que puede cocinar.

Ahora, en algunos casos, querrá perder peso con bastante rapidez. Si se encuentra en esta posición, considere los siguientes pequeños cambios en la dieta:

-	Deja de comer queso crema: Si bien probablemente ya sepa que el queso crema no es saludable, es posible que no sepa que un bagel tostado puede tener un gran sabor sin él.

-	Quitar la piel del pollo: Una forma sencilla de reducir la grasa es acostumbrarse a quitar la piel de las pechugas de pollo. Esto le resultará fácil raspando un cuchillo afilado perpendicularmente a lo largo de la superficie del pecho.

-	Evite los cacahuetes salados: Los cacahuetes son un bocadillo excelente y abundante cuando tienes hambre, pero intente cambiar a la variedad sin sal. Se sorprenderá de lo rápido que se acostumbrará a ellos; de hecho, pronto encontrará poco apetitosos los cacahuetes salados.

Estos son solo algunos de los pequeños cambios que puede hacer en su dieta para perder 5kg. Pero recuerde: si desea mantener el peso, también tendrá que hacer algunos de los cambios dietéticos más permanentes que se enumeraron anteriormente.

En algunos casos, y para algunas personas, es posible perder esos kilos rápidamente a través de algunas reglas dietéticas estrictas y rápidas. Sin embargo, el problema es que es probable que estas reglas sean restrictivas, por lo que es muy probable que sea difícil cumplirlas. No solo eso, si no se aparta de las restricciones, esos kilos volverán rápidamente.

Entonces, la forma en que vas a perder peso es escuchando más de cerca por tu cuerpo. El estómago envía señales muy claras, pero son lentas: es una regla general que no se "sienta" lleno hasta 20 minutos después de estar realmente satisfecho. Esta es la razón por la que la gente se llena de exceso: todos hemos tenido la experiencia de querer una porción más, solo para arrepentirnos 20 minutos después.

Por lo tanto, debe intentar comer su comida más lentamente y saborearla; esto le dará a su cuerpo más tiempo para indicarle cuán lleno está. También asegúrese de dejar de comer cuando esté satisfecho, siempre puede guardar las sobras, porque no hay razón para comer alimentos simplemente porque están allí.

Modificar sus hábitos alimenticios es una de las formas más efectivas y fáciles de perder 5kg. Para muchas personas, la pérdida de peso se producirá simplemente al reducir la ingesta de alimentos. Esto no significa que deba morirse de hambre, solo significa no comer cuando no tenga hambre.

Seguir las pautas anteriores le permitirá cambiar permanentemente sus hábitos alimenticios y, lo que es más importante: perder 5kg. y no recuperarlos.

Ejercicio

Este es otro paso fundamental para adelgazar. No podrá perder fácilmente kilos solo con los hábitos dietéticos. El ejercicio debe convertirse en parte de su estilo de vida.

El problema que enfrentan muchas personas es que sienten que no tienen tiempo para hacer ejercicio. Por supuesto, es posible que no todos tengan tiempo para ir al gimnasio todos los días, pero hay muchas cosas que puede hacer en casa: además de abdominales y otros ejercicios sin equipo, equipos como una cinta de correr, Stairmaster o bicicleta estática pueden permitirlo.

En términos del tiempo que implica tratar de perder grasa abdominal, muchos de ustedes pueden estar diciendo que apenas tienen suficiente tiempo en el día, y mucho menos agregar ejercicio a la mezcla. Sin embargo, si tiene una bicicleta estática, cinta de correr u otro equipo similar, su rutina de ejercicios puede combinarse fácilmente con otras actividades que disfrute y para las que haga tiempo, como ver televisión o escuchar música. De esta manera, encontrará que el ejercicio no requiere que dedique tanto tiempo, sino que requiere que cambie su forma de hacer las actividades que ya realiza.

El ejercicio es la mejor manera de perder peso

Aunque miles de adolescentes con sobrepeso parecen haber aumentado de peso de la noche a la mañana, es el resultado de un estilo de vida sin ejercicio. Como resultado, es imposible ver resultados inmediatos al comenzar un hábito de buena condición física.

En la era actual de la información y la tecnología, todas las dietas y los métodos de ingravidez creados por el hombre no se acercan a la actividad física buena y pasada de moda.

A diferencia de las dietas y la toma de pastillas, el ejercicio provoca un aumento dramático en su metabolismo, que proviene de su aumento en la resistencia, lo que permite una solución a largo plazo para la pérdida de peso.

Las dietas y las píldoras pueden causar ciertos efectos secundarios, donde el único efecto secundario posible que puede provenir del ejercicio es la tensión muscular, y que se puede evitar mediante el estiramiento adecuado antes y después de un entrenamiento.

Con la economía subiendo y bajando, pagar una tonelada de dinero en dietas y pastillas es innecesario debido al método afectivo extremadamente costoso de pérdida de peso que se encuentra en el ejercicio. La razón de esto se debe a que la actividad física necesaria se puede realizar en la comodidad de su hogar, como trotar, lagartijas, abdominales y otros ejercicios similares.

Si no conoce ningún ejercicio o estrategia que lo ayude a perder peso, puede gastar una fracción del costo de las dietas y las pastillas en una membresía de gimnasio, donde ofrecen programas y entrenadores personales para ayudarlo a alcanzar sus metas físicas.

Por ejemplo, puede prepararse para su actividad diaria trotando unos kilómetros en una cinta de correr o utilizando la variedad de otras máquinas disponibles.

Si tener un entrenador es demasiado incómodo o demasiado costoso para usted, tome solo las primeras lecciones y obtenga toda la información necesaria del entrenador provisto para que pueda aprender a hacer ejercicio por su cuenta. La mayoría de los gimnasios también ofrecen clases de fitness gratuitas con membresía, que resultan ser más que útiles, enseñándole los métodos de Tae Bo, Pilates, yoga y aeróbicos.

Dado que la timidez es común, hay cientos de videos de ejercicios disponibles en línea. Estos siempre son útiles, ya que solo tiene un costo de compra único y todo lo que necesita hacer es establecer un tiempo de actividad física en casa. Recuerde beber mucha agua mientras hace ejercicio en casa. La mayoría de los gimnasios suministran fuentes de agua directamente en las instalaciones, sin embargo, mientras se está en la comodidad del hogar, es fácil olvidarse de mantenerse hidratado. Si lo olvida, el golpe de calor o la deshidratación son efectos secundarios comunes.

No hay que avergonzarse de facilitar su camino hacia un estilo de vida físicamente activo. A veces, es recomendado por un médico, debido a que las necesidades del cuerpo no coinciden con su voluntad, para lanzarse directamente al entrenamiento. Dado que este es el caso, consulte con su médico personal y obtenga su análisis sobre su condición física y continúe desde allí.

Uno de los mejores métodos para mantener este nuevo estilo de vida físico es practicar deportes. No se esconda más de la cancha ... sumérjase y corra de un lado a otro del gimnasio. Esto acelera su frecuencia cardíaca y aumenta sus niveles de resistencia, sin mencionar la pérdida de calorías.

Para la gran mayoría de las personas, el aumento de peso es un proceso muy lento y casi imperceptible. La mayoría de nosotros estamos familiarizados con la experiencia de subirse a una báscula y preguntarnos de dónde, exactamente, vinieron esos kilos. Para la mayoría de las personas, el peso proviene de las épocas del año pasado en las que se complacieron. Lo que sucede es que se da un capricho durante una semana o dos (vacaciones, Navidad) y luego vuelve a su estilo de vida normal; no hace nada para perder peso. Entonces, estas pequeñas ganancias de peso permanecen con usted y se acumulan con el tiempo. Por esta razón, a casi cualquier persona le encantaría perder peso en algún momento, y una excelente manera de hacerlo es trotar.

Dependiendo de con quién hable, trotar se considera el mejor ejercicio para perder peso. La razón es que la alta intensidad del trote quema muchas calorías. Si está buscando perder 5kg., hay cosas mucho peores que podría intentar que trotar media hora varias veces a la semana.

Trotar también es preferible para muchas personas porque incorpora el ejercicio de una manera más interesante: tratar de perder peso yendo al gimnasio 3 veces a la semana no es muy divertido. Sin duda, se sentirá como "trabajo" a medida que cuente los minutos de su entrenamiento. Trotar, por otro lado, no requiere nada más que un par de zapatos y le permite disfrutar del paisaje.

Uno de los problemas que enfrentan las personas cuando intentan perder kilos es incorporar el ejercicio en sus rutinas diarias. La mayoría de nosotros estamos lo suficientemente ocupadas y no podemos encontrar el tiempo para ir al gimnasio a intervalos programados. Si está tratando de perder peso, encontrará que trotar es una actividad mucho más flexible, no tiene que conducir hasta el gimnasio: puede hacerlo donde y cuando quiera.

Si bien trotar es una excelente manera de perder grasa abdominal y aumentar su nivel de condición física, debe tener en cuenta que es más difícil para el cuerpo que muchas otras actividades físicas. Trotar implica balancear todo el peso repetidamente, por eso es precisamente un buen ejercicio, y esto puede causar tensión en las articulaciones de las rodillas y los pies. También debe tener en cuenta que trotar es una actividad física intensa, por lo que, si comienza desde un nivel muy bajo de condición física, puede ser demasiado y es posible que desee aumentarlo.

Sin embargo, siempre que tenga en cuenta lo anterior, encontrará que trotar es una excelente manera de perder peso. Como beneficio adicional, trotar también se reconoce como una de las mejores formas de mantener el peso, por lo que no tiene que preocuparse por una dieta que recupere todo el peso una vez que se detiene. Y aunque puede estar trotando principalmente para perder esos kilos, también estará haciendo maravillas por la salud de su corazón y sistema cardiovascular.

Pierde 5kg. en bicicleta

Entonces, ¿por dónde empieza? La mayoría de las personas, cuando piensan en perder peso, piensan en dietas poco apetitosas o regímenes de ejercicio extenuantes, pero no tiene por qué ser así. Si está buscando perder peso mientras se divierte y tomar un poco de aire fresco, busque en su lugar lo que probablemente fue una de sus actividades infantiles favoritas: andar en bicicleta.

La bicicleta tiene muchos beneficios, pero el principal es que en realidad es la única forma de ejercicio que también puede funcionar como medio de transporte. La razón por la que a muchas personas les resulta difícil perder peso es porque tratan de dedicar demasiado tiempo a sus estilos de vida ya ocupados. Por ejemplo, digamos que su plan es perder esos 5kg. al obtener una membresía de gimnasio e ir varias veces a la semana. Si bien esto puede ser genial al principio, existe una buena posibilidad de que comience a interferir con otros compromisos: un día tiene que quedarte hasta tarde en el trabajo y no podrá ir al gimnasio; un día tiene que recoger a su hijo de la práctica de fútbol y tampoco podrá asistir a su entrenamiento. Con el tiempo se vuelve fácil romper la rutina del gimnasio, porque siempre le parecerá un "extra" para el que no siempre tiene tiempo.

Ahora diga que, en lugar de ir al gimnasio para perder esos kilos de más, decide ir en bicicleta al trabajo. Si bien puede tomar un poco más de tiempo perder peso, si va en bicicleta al trabajo, realmente no está perdiendo tiempo. Si vive en una ciudad, es muy probable que no le lleve mucho más tiempo que un viaje en coche. Básicamente, puede perder kilos de manera gratuita, por así decirlo.

Cuando realiza la mayoría de las otras formas de ejercicio, lo hace exclusivamente: no hace nada más cuando está en el gimnasio. Con el ciclismo, por otro lado, el ejercicio es casi una ventaja secundaria a la función principal de llegar a un lugar al que debes ir. Agregar a esto el hecho de que está ahorrando dinero en transporte y haciendo el bien para el medio ambiente, es difícil argumentar en contra de la bicicleta como una de las mejores formas de ejercicio.

Simplemente yendo y viniendo del trabajo en bicicleta todos los días, debería poder perder esos kilos con bastante rapidez sin afectar demasiado su horario. Si su empleador está lo suficientemente lejos de usted como para que deba conducir, considere usar una bicicleta para hacer recados fuera del trabajo. Y si realmente desea perder ese peso rápidamente, comience a andar en bicicleta también para la recreación: algunos paseos en bicicleta los fines de semana harán maravillas para perder peso.

Cómo perder 5kg. haciendo ejercicio

Antes de comenzar su intento de perder peso, siéntese y observe su estilo de vida. ¿Es activo? ¿Ve mucha televisión? ¿Pasas el día en una oficina frente a una computadora? La mayoría de las personas no hacen casi la cantidad de ejercicio que deberían hacer y, aunque esto es algo malo, también significa que su cuerpo responderá rápidamente a un aumento en el ejercicio.

La razón por la que el ejercicio parece difícil para la mayoría de las personas es que puede parecer más trabajo de lo que realmente es. Muchas personas que quieren perder peso haciendo ejercicio piensan inmediatamente en un gimnasio y en un régimen para el que no tienen tiempo. Si bien no hay duda de que ir a un gimnasio es una de las mejores formas de ponerse en forma, está lejos de ser la única.

La mayoría de nosotras vivimos vidas muy inactivas. Piénselo: probablemente conduce al trabajo, se sienta durante 8 horas y conduce de vuelta a su casa. Una vez que llegas a casa, estás lo suficientemente cansado como para simplemente "relajarte". Puede parecer difícil incorporar el ejercicio en esta rutina, pero encontrará que no es tan difícil en absoluto. Con solo adquirir una bicicleta estática, Stairmaster o algo similar, puede ver la televisión o escuchar música mientras hace los pedaleos. Esta es una excelente manera de "relajarse" después de un día de trabajo; además, si va a estar viendo televisión de todos modos, no está perdiendo tiempo, simplemente está haciendo dos cosas a la vez.

Otra buena idea es intentar hacer algo de ejercicio mientras está en el trabajo. Piense en la frecuencia con la que se queda en la oficina durante la hora del almuerzo. En cambio, ¿por qué no dar un paseo? Puede que no parezca mucho, pero si lo hiciera todos los días, caminaría 5 horas a la semana, lo cual es un buen comienzo para hacer más ejercicio. Los fines de semana y por la noche, practique un deporte o un pasatiempo activo como el senderismo. La clave es encontrar formas en las que pueda hacer ejercicio y al mismo tiempo hacer las cosas que disfruta.

Puede perder 5kg. con bastante rapidez si comienza un régimen de ejercicio serio, por supuesto, pero esa no es necesariamente la mejor manera de hacerlo. Si hace que su ejercicio sea un trabajo, comenzará a sentirse como un trabajo y será tentador posponerlo y evitarlo. Sin embargo, si incorpora el ejercicio a su rutina diaria, no le parecerá trabajo en absoluto, será divertido. Y lo mejor de todo es que cuanto más se ejercite, más energía tendrá: en lugar de estar cansado cuando llegue a casa del trabajo, tendrá ganas de hacer algo activo.

Pierde peso levantándose temprano

El aumento de peso puede ser un proceso muy lento. Para la mayoría de las personas, es cuestión de unos gramos aquí, unos gramos allá, y lo siguiente que sabe es que pesas 10kg. más. Sin embargo, si no tenemos mucho tiempo para hacer mucho ejercicio, querremos maximizar la efectividad del ejercicio que hacemos, y una excelente manera de hacerlo es ejercitándonos por la mañana.

Hay dos razones principales por las que puede perder más fácilmente peso haciendo ejercicio por la mañana. El primero tiene que ver con el hecho de que es mucho más fácil incorporarlo a su rutina diaria. Una de las claves para perder peso mediante el ejercicio es hacerlo con regularidad, lo que a muchas personas les resulta difícil: siempre es difícil encontrar tiempo. Entonces, una gran razón para hacer ejercicio por la mañana es que tendrá muy poca distracción.

De muchas maneras, literalmente está "haciendo tiempo" para el ejercicio al comenzar el día más temprano.

Ahora, en términos de su objetivo de perder peso, el ejercicio matutino será más efectivo porque estará quemando calorías de la grasa que ya está en su sistema. Este principio se basa, por supuesto, en la idea de que no se come antes de hacer ejercicio. La forma en que va a perder peso es quemando grasa, y cuando hace ejercicio, su cuerpo normalmente quema grasas y carbohidratos. Ahora se complica un poco más: la fuente de energía principal y preferida de su cuerpo son los carbohidratos, por lo que cuando haga ejercicio, primero quemará (más o menos) carbohidratos y luego su cuerpo se sumergirá en sus reservas de grasa.

Los carbohidratos provienen de sus comidas, por lo que cuando hace ejercicio a una hora normal del día, su cuerpo tendrá muchos carbohidratos para quemar. Sin embargo, al tratar de perder peso, espera quemar grasa. Si hace ejercicio por la mañana con el estómago vacío, está quemando energía en un momento en que los niveles de carbohidratos de su cuerpo son los más bajos y, por lo tanto, se quemará más grasa con la misma cantidad de ejercicio. Se han realizado estudios que sugieren que se quema más de un 250% de grasa cuando se hace ejercicio en este estado.

Nunca existe una forma inmediata de perder peso; en última instancia, perder peso requiere decisiones dietéticas inteligentes y una rutina de ejercicio bien pensada. Sin embargo, al hacer ejercicio por la mañana, se dará una clara ventaja en esa batalla; no solo estará al tanto de una ventaja fisiológica, sino también de la práctica de realizar su ejercicio al comienzo del día. sin distracciones.

Planificación

Si desea perder 5kg., es imperativo que tenga un plan. Las posibilidades de que tenga éxito son muy poco probables si recopila un lote extraño de consejos aquí y allá y lo implementa esporádicamente. Primero, piense en un período de tiempo realista en el que quiera perder peso. Cuando haga esto, tenga en cuenta cuánto tiempo está dispuesto a dedicarle y cuánto está dispuesto a afectar su rutina diaria: perder 5kg. en 2 semanas va a requerir más trabajo de lo que es. perder lo mismo en un mes, por ejemplo.

Aunque la pérdida de peso saludable requiere una solución equilibrada, al planificar, elija en qué aspectos de la pérdida de peso le gustaría concentrarse más: ¿desea dedicar más tiempo al ejercicio y tener más flexibilidad con su dieta, o viceversa? Cuando elabore un plan de pérdida de peso, sea realista y piense cuánto tiempo y esfuerzo está dispuesto a dedicar.

Hacer un plan de pérdida de peso es importante porque le da metas y algo a lo que atenerse. Haga su plan específico: no diga "Voy a hacer ejercicio esta semana", diga "Voy a hacer ejercicio todos los días durante 30 minutos cuando llegue a casa del trabajo". Trate de proponerse metas y expectativas para usted todos los días, de modo que pueda beneficiarse de un sentido regular de logro.

El esquema básico de su plan debe incorporar tanto la dieta como el ejercicio. Una buena forma de comenzar es investigar algunas comidas saludables y planear prepararlas durante la primera semana. Esto es más agradable que simplemente hacer una lista de cosas que no puede comer: aprenderá a cocinar cosas nuevas y tendrá la satisfacción de preparar una comida sustanciosa. Lo mismo ocurre con el ejercicio: proponga algunas actividades para la semana. No es necesario que sean actividades de ejercicio aburridas, de tipo laboral. Piense en cosas como practicar un deporte o hacer una caminata.

Todo el mundo es diferente. Todos tenemos diferentes estilos de vida, horarios y habilidades, y es importante que esto se tenga en cuenta al abordar su proyecto de perder peso. Antes de comenzar a intentar quemar grasa corporal, debe decidir un plan realista que sea adecuado para usted. Lo peor que puede hacer es establecer un plan que sea difícil de lograr. Si, por ejemplo, es un padre trabajador extremadamente ocupado, no cree un plan para usted que implique hacer ejercicio 15 horas a la semana, ya que es probable que falle, lo que solo terminará haciéndolo sentir peor.

Cada intento de pérdida de peso idealmente debería componer tanto cambios en la dieta como un aumento en el ejercicio. Dependiendo de su situación, es posible que desee concentrarse en uno más que en el otro. Si, por ejemplo, desea perder 5kg. pero no tiene tiempo para hacer mucho ejercicio, es posible que desee concentrarse en su dieta, que después de todo requiere más disciplina que tiempo.

Cuando analice su dieta, investigue un poco y proponga algunas ideas de comidas saludables que normalmente no come. Planee comer estas nuevas comidas con regularidad. Desea dividir su plan en tantos pequeños pasos como sea posible, de modo que se proporcione muchas metas pequeñas y alcanzables. Por ejemplo, puede decidir investigar su nueva comida el lunes, comprar los ingredientes el martes y prepararla el miércoles. Esto no solo divide el trabajo, si lo deja todo para un día, es mucho más probable que no tenga tiempo para hacerlo, sino que crea una sensación constante de logro.

Ahora digamos que su plan para perder peso será principalmente a través del ejercicio. Nuevamente, no planee "hacer ejercicio 10 horas a la semana" porque lo que probablemente sucederá es que lo pospondrá toda la semana y luego no tendrá tiempo para hacerlo. Desea planificar hacer ejercicio durante una hora al día y desea intentar incorporar ese ejercicio a otras actividades.

Al menos la mitad de la batalla para tratar de perder peso es de disciplina: como cualquiera que haya estado en una dieta o un régimen de ejercicio le dirá, es fácil comenzar una dieta, pero es difícil seguirla. Lo peor que puede hacer cuando intenta perder peso es prepararse para el fracaso, ya que este es un ciclo que tiende a repetirse. Al crear y ejecutar un plan realista y bien pensado, se obtiene una gran ventaja en su objetivo final de perder esos benditos 5kg.

Hacer dieta con un horario ocupado

Al adoptar una rutina de dieta, el problema más comúnmente citado es la falta de tiempo suficiente para preparar las comidas correctas para nuestras necesidades dietéticas. Obviamente, es más fácil tirar algo en la olla o ir a un puesto de comida rápida en lugar de cocinar una comida sana, nutritiva y equilibrada que deberíamos consumir.

Hay ciertos consejos que uno puede seguir para controlar la necesidad de desviarse y asegurarse de seguir estrictamente los planes de dieta. La primera es cocinar una vez a la semana. Con este método, prepara suficiente comida para toda una semana, en un día específico. Por lo tanto, tiene una comida adecuada para la dieta todas las noches de esa semana. Si el resto de su familia también está incorporando sus planes de dieta, este método también se puede aplicar en tales casos. Adoptar hábitos alimenticios saludables y planificar una rutina de dieta equilibrada para toda la familia es una excelente manera de enseñarle a sus hijos y, al mismo tiempo, lo mantendrá motivado y lo ayudará a combatir la tentación.

Al adoptar el método de cocción una vez a la semana, debe congelar los alimentos que no se consumirá de inmediato y descongelarlos cuando decida cocinar la cena después de regresar del trabajo. Este proceso funciona perfectamente independientemente de la cantidad de prácticas de baile, recitales de bandas y partidos de fútbol que tenga en el programa de esa semana. Por lo tanto, puede seguir su programa de dieta y también proporcionar una cena excelente y saludable para su familia, todas las noches de la semana.

Asegúrese siempre de tener una cantidad suficiente de frutas y verduras frescas y limpias, así como de ingredientes adecuados para ensaladas, de modo que estos platos sean fácilmente accesibles para almuerzos rápidos. Si estos platos están fácilmente disponibles, le ayudará a combatir la tentación de comer una comida rica en calorías. También se asegurará de que tenga su ración diaria de frutas y verduras frescas y nutritivas.

También puede conservar un yogur envasado o tazas de pudín bajo en calorías como un producto lácteo rápido y listo para consumir. La planificación y preparación eficientes son esenciales si desea alcanzar sus objetivos de reducción de peso. Al preparar la comida mucho antes del tiempo estipulado, no se perderá la conveniencia de los alimentos empaquetados con alto contenido calórico que muchos de nosotras disfrutamos cuando no estamos a dieta.

Otra forma útil de ahorrar tiempo es aprovechar las oportunidades y aplicar sus planes de acondicionamiento físico durante el transcurso del día. En lugar de realizar un ejercicio prolongado todos los días, intente incorporar algunas actividades de acondicionamiento físico a su día.

(Suba las escaleras durante la hora del almuerzo, estacione su automóvil en el nivel superior para que tenga que tomar las escaleras), estacione lejos de la entrada del centro comercial y verifique si hay un sendero despejado. Le fascinará la cantidad de oportunidades ocultas que están disponibles para llevar su programa de ejercicios a un día normalmente ajetreado. El desafío no radica en encontrar tiempo, sino en encontrar las actividades ocultas. Hacer dieta no tiene por qué ser tan tedioso y lento como parece. Hay muchos planes de dieta preempaquetados para las personas que desean adoptar un plan de dieta, si cree que puede ser la mejor opción para usted. Ya sea que esté planeando tomar alimentos congelados de Weight Watchers, o comidas de cocina magra, Jenny Craig o el programa Slim Fast, existen innumerables oportunidades disponibles para combinar la dieta y el acondicionamiento físico incluso en un horario extremadamente ocupado. Recuerde tener en cuenta estos consejos al planificar su rutina de dieta.

Dieta y fitness

Si una quiere vivir un estilo de vida largo y saludable, hay dos ingredientes esenciales, a saber, dieta y fitness. Algunos creen que estos dos factores significan lo mismo, pero la verdad es que son muy diferentes. Sin embargo, es posible tener una dieta extremadamente saludable con un mal nivel de condición física. De manera similar, uno puede estar en buena forma física, pero puede seguir un programa de dieta desequilibrado.

Hay una línea inteligente en la canción "Fruitcakes" de Jimmy Buffet, cuando su 'dama' se lamenta:

"Trato mi cuerpo como un templo. Tratas el tuyo como una tienda de campaña "

No puedo evitar pensar en esta línea cuando observo a personas de todo el mundo que siguen adoptando planes de dieta locos con la esperanza de lograr una pérdida de peso como los que comercializan el producto.

Hablando sinceramente, una puede perder peso solo a través de planes de dieta efectivos, pero es un proceso difícil. Una puede mantenerse en forma física y aún ser un poco más pesada. Nuestro estilo de vida depende en gran medida del tipo de alimentos que consumimos. Si nuestro plan de dieta tiene productos ricos en grasas y bajos en sustancias, nuestros cuerpos carecerán del combustible necesario para quemar el exceso de grasa. Del mismo modo, si no le damos a nuestro cuerpo las herramientas necesarias para desarrollar los músculos, la cantidad de pesas que levantamos no tiene importancia.

Para producir los mejores resultados relacionados con un estilo de vida saludable, la dieta y el estado físico deben ir de la mano. Su régimen de ejercicios debe quemar el exceso de grasa y calorías, mientras que una dieta saludable debe proporcionar el combustible y los nutrientes necesarios para desarrollar músculo. A menudo he escuchado que una libra de grasa pesa más que la misma cantidad de músculo. Aunque esto no es completamente cierto, sabemos que una libra de músculo ocupará menos área en el cuerpo en comparación con una libra de grasa. Hablando en términos de libras, preferiría que la mía esté hecha de músculo en lugar de grasa. A lo largo de sus esfuerzos, debe tener en cuenta que la dieta por sí sola no desarrollará los músculos.

Debe darse cuenta de que, en el proceso de agregar músculos, es posible que esté perdiendo peso sin mostrar un progreso significativo en la balanza. Es esencial que recuerde esto durante todo el programa de reducción de peso. Si mide el progreso basándose en las escalas, será engañado en gran medida. Muchas personas no se dan cuenta de esto y tienden a darse por vencidas debido a la frustración, mientras que en realidad están comenzando a progresar. No se deje engañar por la balanza. Mírese en el espejo, use un par de pantalones ajustados y luego mida su cintura. No mida su éxito en la pérdida de peso comprobando cuántos kilos ha perdido esta semana; en su lugar, observe cómo se siente después de subir algunos pisos.

Al fusionar su rutina de dieta con su régimen de acondicionamiento físico, ayuda al cuerpo a perder cualquier grasa extra que pueda haber consumido. Puede utilizar este truco para compensar sus pequeños impulsos. Todo lo que tiene que hacer es quemar las calorías adicionales haciendo ejercicio un poco más de lo habitual. Es mejor evitar hacer esto con frecuencia, pero ocasionalmente usar este "truco" es bastante aceptable ya que no producirá ningún efecto gigantesco en su plan de dieta.

Una debe considerar los planes de dieta y los programas de acondicionamiento físico como una simple relación de pelota y guante. Aunque es posible jugar a la pelota sin usar el guante, funciona mejor cuando usa ambos. Cuando la dieta y el estado físico se combinan de manera efectiva, producirá excelentes resultados de pérdida de peso para las personas que se toman en serio ambos. Lo importante que hay que recordar aquí es que ninguno de los dos funcionará bien por sí solo, y no funcionará en absoluto a menos que sea serio, concentrado y esté dispuesto a poner todo su esfuerzo. Debes darle una alta prioridad en tu estilo de vida diario, para que pueda lograr resultados fantásticos.

Comer sano en vacaciones

Puede que le resulte difícil resistir la tentación de abandonar sus hábitos alimenticios saludables cuando esté de vacaciones. Aunque puede estar decidido a ceñirse a sus principios dietéticos, es muy posible que se deje llevar y tienda a comprar un helado de vez en cuando. Hay ciertas formas de vigilar lo que come durante las vacaciones.

Hoy en día, es muy fácil pedir una comida vegetariana o baja en calorías en un avión. Pero si decide conducir hasta su lugar de vacaciones, encontrar opciones de alimentación saludable puede resultar un poco difícil.

En lugar de depender de comidas grasosas para su nutrición diaria, simplemente empaque algunas alternativas saludables en una hielera con bolsas de hielo. Los sándwiches, las frutas, las verduras, las galletas saladas y el yogur son excelentes opciones para llevar con usted en su viaje por carretera.

Cuando llegue al hotel, podría hacer bien si baja la llave del minibar, ya que ayuda a combatir la tentación. Si el hotel le ofrece la opción de desayuno continental, elija cereales, frutas y proteínas.

Pero si no tiene otra opción que comer afuera, asegúrese de hacerlo solo en los momentos en que tenga mucha hambre. Algunos restaurantes tienden a servir grandes cantidades, así que tenga cuidado y recuerde reducir su próxima comida si se excede.

Si no puede comer tres comidas completas, intente dividirlas en seis comidas más pequeñas, porque su cuerpo necesita combustible casi una vez cada cuatro horas. Mientras come fuera, trate de evitar los aperitivos. Pero asegúrese siempre de no saltarse una comida.

Siempre que sea posible, evite comer grandes porciones de comida por la noche. Cuando su cuerpo se ralentiza y se prepara para dormir, el proceso de quema de calorías se lleva a cabo a un ritmo más lento. Nunca consuma pan antes de acostarte y asegúrese de evitar la mantequilla. En su lugar, elija aves de corral o pescado como comida, con una guarnición de verduras.

Aunque puede parecer difícil, mantener sus hábitos alimenticios saludables durante las vacaciones no es tan difícil como parece. Todo lo que necesita es un poco de fuerza de voluntad para combatir el impulso de consumir alimentos que no son buenos para usted. Por lo tanto, disfrutará de un estilo de vida saludable a través de una alimentación saludable.

Siempre tenga en cuenta que una alimentación saludable es importante. Aunque a veces puede ceder a los antojos, no lo convierta en un hábito. Una sola pizza o un cono de helado es aceptable siempre que conozca su límite.

El lado oscuro de las dietas de moda

A muchas personas les sorprende que no se recomienden las dietas de moda cuando parecen producir buenos resultados. Hay muchos sitios web en Internet que afirman proporcionar una reducción de peso efectiva en muy pocos días. Este tipo de reducción de peso es temporal. Es casi un 90% de agua que regresa a su cuerpo cuando se hidrata nuevamente, lo que de lo contrario causa graves complicaciones de salud.

Algunas otras dietas de moda que son dietas de choque menos prominentes, tienen afirmaciones escandalosas y están un poco exageradas. Tienden a ser efectivos durante algún tiempo y, por lo general, es una gran empresa para hacer dinero para su inventor en la venta de productos. En algunos de los mejores casos, existen buenos programas de dieta que lo ayudarán a lograr sus objetivos de pérdida de peso, pero es posible que haya podido obtenerlos de su médico, de forma gratuita. En el peor de los casos, estas dietas de moda resultarán demasiado difíciles de seguir y las abandonará después de una semana.

Desventajas de las dietas de moda

1.   Las dietas de moda, que prometen una reducción de peso rápida y fácil, normalmente se basan en consumir más de un determinado tipo de alimento y ninguno de otros. De esta forma, no obtendrás los beneficios de una dieta equilibrada. A veces se le recomienda tomar suplementos, pero algunos de estos suplementos no los toma el cuerpo, a menos que se consuman junto con alimentos que su dieta ha eliminado. Después de un par de semanas, comenzará a desarrollar una deficiencia debido a la desnutrición.

2.   A menudo, las dietas de moda son aburridas e implican muchas restricciones. El entusiasmo de la idea se desvanecerá después de uno o dos días, después de lo cual sus antojos aumentarán y harán que rompa la dieta. Por último, puede que se sienta culpable por no haber seguido estrictamente la dieta.

3.   La mayoría de estas dietas de moda no siguen las instrucciones dadas por la Asociación Estadounidense del Corazón y otros organismos similares para los niveles de nutrición en los alimentos. Estas dietas pueden sugerir alimentos ricos en grasas y bajos en carbohidratos que, en última instancia, resultarán en problemas cardíacos. Pueden decir que la dieta debe seguirse solo a corto plazo. Pero si no logra su plan de metas para entonces, tenderá a continuar con un plan poco saludable o se detendrá y recuperará el peso que perdió.

4.   La mayoría de las dietas de moda no le proporcionan a su cuerpo la cantidad necesaria de frutas y verduras frescas

y su programa de dieta no le brinda los diversos complementos alimenticios que necesita.

5.   Los programas de pérdida de peso que son rápidos son solo soluciones temporales, de corta duración y no tendrán ningún efecto permanente en sus hábitos alimenticios. Producir un cambio permanente es la única solución para permanecer en el peso objetivo una vez que lo haya alcanzado. Las dietas de moda son ciclos yo-yo de reducción de peso rápida y aumento de peso igualmente rápido. Tal efecto es malo para su salud y para su autoestima y le hubiera ido mejor si tuviera sobrepeso.

No importa lo que digan los materiales publicitarios, las dietas de moda no lo ayudarán a largo plazo. La forma ideal de producir una pérdida de peso sostenida es comer una dieta variada y adecuadamente equilibrada, evitar los alimentos ricos en calorías, hacer ejercicio con regularidad y, lo más importante, evitar las dietas de moda.

Programas gratuitos para bajar de peso

No es necesario visitar el gimnasio y el spa y pasar horas trabajando y realizando ejercicios extenuantes para obtener ese cuerpo hermoso y sexy. Varios libros disponibles en las librerías ofrecen programas de reducción de peso efectivos y convenientes de forma gratuita, aunque los libros no son gratuitos. Estos programas están ganando mucha popularidad a través de mucha publicidad, publicidad y críticas que a menudo confunden a la persona en cuanto a cuál debe seguir. Antes de elegir un programa de pérdida de peso, lea estos resúmenes sobre programas de dieta populares.

El primer libro es New Diet Revolution del Dr. Atkins. Este programa respalda los alimentos ricos en proteínas y bajos en carbohidratos. Uno puede prosperar con la carne y las verduras, pero debe evitar por completo la pasta y el pan. No hay restricciones de grasa, por lo que puede disfrutar del aderezo para ensaladas mientras esparce la mantequilla libremente. Sin embargo, esta dieta carece de contenido de fibra y calcio y una composición limitada de granos y frutas, mientras que es alta en grasas.

La siguiente revisión es la dieta del adicto a los carbohidratos del Dr. Heller. Este programa de dieta incorpora alimentos bajos en carbohidratos en la dieta. Permite el consumo de verduras, frutas, carnes, cereales y lácteos. Aboga por el consumo de menos carbohidratos. La comida de "recompensa" es muy rica en grasas.

Choose to Lose del Dr. Goor impone restricciones sobre el consumo de alimentos grasos. A la persona se le proporciona un presupuesto "gordo" y se le permite gastarlo. No hay presión sobre la ingesta de carbohidratos. Permite el consumo de carnes, aves y lácteos bajos en grasa. Aboga por la ingesta de frutas, verduras, pan, pasta y cereales. Este programa es razonablemente saludable ya que proporciona una cantidad suficiente de frutas, verduras y grasas saturadas. Sin embargo, uno debe controlar los niveles de triglicéridos. Si es alto, reduzca los carbohidratos y disfrute de las grasas insaturadas.

El siguiente resumen es la dieta DASH. Fomenta la ingesta de cantidades moderadas de grasas y proteínas insaturadas y alimentos ricos en carbohidratos. Básicamente, tiene como objetivo reducir la presión arterial y sigue la guía de la pirámide. Por lo tanto, aboga por una alta ingesta de cereales, frutas, verduras y alimentos bajos en grasas. Sin embargo, algunas personas sienten que se trata de comer en exceso para producir una pérdida significativa de peso.

El siguiente resumen trata sobre Eat More, Weigh Less del Dr. Ornish. Aboga por alimentos vegetarianos y bajos en grasa. Restringe los alimentos "luminosos" y recomienda vigilar las claras de huevo y los productos lácteos sin grasa. Pero esta dieta es deficiente en calcio y restringe la ingesta de aves y mariscos.

Coma bien para su tipo. Esto es interesante porque recomienda la dieta basada en el grupo sanguíneo de la persona que hace dieta. Fomenta la ingesta abundante de carne para las personas con sangre tipo O. Pero los planes de dieta para ciertos otros tipos de sangre no están equilibrados y son muy bajos en calorías. Además, no hay pruebas registradas de que el grupo sanguíneo varíe los requisitos dietéticos.

El principio de Pritkin

Se enfoca en reducir las calorías comiendo alimentos acuosos que tienden a satisfacer el hambre. Se permite la ingesta de frutas, verduras, pastas, avena, ensaladas, lácteos bajos en grasa y sopas. Limita los alimentos ricos en proteínas a los mariscos y las aves de corral. Aunque es saludable ya que proporciona menos grasas saturadas, es bajo en calcio y en proteínas magras.

Volumétricos

Aconseja la ingesta de alimentos bajos en calorías. Sus recomendaciones son similares a las de Pitkin, pero le pide a la persona que hace dieta que se abstenga de comer alimentos secos como galletas saladas, pretzels y palomitas de maíz. Es razonablemente saludable ya que tiene una gran cantidad de frutas, verduras y también de grasas insaturadas bajas en calorías.

La zona

Tiene un contenido moderadamente bajo de carbohidratos y un alto contenido de proteínas. Esto aboga por alimentos bajos en grasas y ricos en proteínas como pescado, pollo, verduras, cereales y frutas. Aunque es saludable, carece de calcio.

Controlador de peso

Tiene un alto contenido de carbohidratos y moderado en proteínas y grasas. Es un plan muy saludable y extremadamente flexible. Le da a la persona que hace dieta la libertad de seguir su propio plan de dieta en lugar de restringirlo a una rutina preempaquetada.

La mentalidad de dieta

Hacer dieta es un proceso que implica una gran cantidad de fuerza de voluntad. Esto se debe a que existen varias restricciones durante la duración del plan. Esta es la razón por la que muchas personas no tienen éxito en lo que respecta a sus planes de dieta. Esto ha hecho que muchas personas teman la idea de hacer dieta, ya que siempre tienen la tonta intuición de que no podrían seguir la rutina, lo que hace que muchos planes de dieta fracasen incluso antes de comenzar.

Muchas personas no comprenden que una dieta saludable no se refiere a pasar hambre. Esta es una de las principales razones por las que muchas personas no comienzan a hacer dieta, ya que creen que tendrán que mantenerse completamente alejadas de los alimentos que aman. No se están aclarando a sí mismos que pueden comer con moderación los alimentos que les gustan y que no pueden abandonar por completo. Es por eso que muchas personas están totalmente en contra de las dietas, ya que confunden el término con morir de hambre.

Las personas deben saber que, si un plan de dieta que adoptan tiene que ser exitoso, entonces deben cambiar su opinión sobre los alimentos que prefieren comer y deben comprometerse con sus gustos personales durante un cierto período de tiempo. Una vez más, una cosa que la gente parece no entender es que la comida no es nuestro enemigo, sino nuestra incapacidad para dividirla y consumirla correctamente. Muy a menudo, la mayoría de la población termina comiendo los alimentos equivocados más que los alimentos correctos que deberían consumirse. Este es el epicentro del problema.

Cinco porciones de verduras y tres de frutas es la cantidad correcta de alimentos que debemos consumir todos los días para obtener la cantidad correcta de nutrientes necesarios. Si esto no se cumple, tendemos a sentirnos privados y a sufrir dolores de hambre. Esto implica que podemos disfrutar de la comida que amamos con moderación, como debe ser.

El tamaño por porción es otro gran problema o trato. Estamos tan acostumbrados a comer el paquete extra grande de papas fritas y la taza grande de refrescos de cola y otras bebidas que no entendemos cuál es el tamaño correcto de la porción. Todas estas tentaciones deben evitarse y solo debe consumirse lo que se necesita.

Debemos recordar siempre que hacer dieta no es pasar hambre y, por lo tanto, debemos sentirnos bien con todo el proceso y motivarnos a emprenderlo. Todos los aspectos positivos de la dieta y la pérdida de peso deben tenerse en cuenta siempre en lugar de sentirse deprimido por el exceso de peso que lleva consigo ahora. Debe adoptarse una perspectiva positiva de todo el asunto y debe seguir motivándose incluso si el proceso de pérdida de peso está tardando más de lo esperado. Siga diciéndose a si mismo que recuperará su cuerpo juvenil.

Sin embargo, hacer dieta no significa que deba dejar de disfrutar por completo de las cosas que le gustaron. Puede darse el gusto de algunas golosinas de vez en cuando con moderación. Después de esto, para quemar las calorías adicionales que ha consumido, elija una actividad que aprecie y disfrute. De esta manera, obtiene el doble de beneficio. Los ejercicios que ha realizado deben ser algo que desee y disfrute. Esto ayudaría a lograr mejores resultados.

#######